Pete

FOR EYES ONLY

Die wahre Geschichte des Agenten Horst Hesse

edition ost

Inhalt

Wenn wir den Stand gewählt, in dem wir
am meisten für die Menschheit wirken können,
dann können uns Lasten nicht niederbeugen,
weil sie nur Opfer für alle sind;
dann genießen wir keine arme, eingeschränkte,
egoistische Freude, sondern unser Glück
gehört Millionen, unsere Taten leben still,
aber ewig wirkend fort,
und unsere Asche wird benetzt
von der glühenden Träne edler Menschen.

Karl Marx,
Betrachtungen eines Jünglings
bei der Wahl seines Berufes, 1835[1]

Vorwort

Der Vorgang, welcher im Zentrum dieses Buches steht, liegt sechzig Jahre zurück, und sein Protagonist starb vor zehn Jahren. Horst Hesse war auch zu Lebzeiten nur wenigen bekannt, obgleich er doch die Vorlage lieferte für einen der berühmtesten und erfolgreichsten Spielfilme der DEFA. So drängt sich denn die Frage auf, ob es überhaupt Sinn macht, an Hesse und sein Kabinettstückchen in den 50er Jahren zu erinnern. Tempi passati, aus und vorbei, gilt wohl auch in diesem Falle, könnte man meinen.

Wirklich?

Der Kriegsversehrte Horst Hesse, ein unbescholtener Feinmechaniker aus Magdeburg, geriet damals ins Mahlwerk des Kalten Krieges. Die Geheimdienste traten in sein Leben, erst die westlichen, dann die östlichen, und gaben seinem Dasein eine Richtung, die es anderenfalls nicht genommen hätte. Die missliche Begegnung mit dem Agenten aus Übersee veranlasste ihn, sich dem östlichen Dienst anzuvertrauen, worauf der ihn als Kundschafter in den Westen schickte. Nach heutigem Verständnis ist Horst Hesse also ein Opfer.

Allerdings war er auch ein Täter, sogar ein Überzeugungstäter: Hesse »floh« nach Westen, weil er meinte, seinem Staat und dem Frieden zu nützen, wenn er aus der Residentur des Klassenfeindes berichtete, was dieser so trieb und was er gegen die DDR plante. Hesse ließ Familie und Freunde zurück und die Annahme, er sei ein Verräter und habe Kinder und Frau im Stich gelassen wie manch anderer auch. Sein bis dahin tadelloser Ruf war ruiniert. Dessen war sich Horst Hesse durchaus bewusst. Und trotzdem nahm er das Los an. Damals hieß das »Parteiauftrag«.

In kurzer Zeit machte er in der Würzburger Filiale eines militärischen Geheimdienstes Karriere. Im Unterschied zu den Abenteurern, die dort tätig und oft genug gesellschaftliches Strandgut waren, verrichtete Hesse die ihm übertragenen Aufgaben korrekt und verlässlich. Sein Aufstieg als US-Agent wurde allerdings jäh gebremst. Von der Zentrale in Ostberlin: Er solle nicht seiner Delegierung in die USA nachkommen, sondern besser nach Hause zurückkehren. Und zwar mit allem, was dort an brisantem Material herumliegt.

Das befand sich in zwei Tresoren, und da sich diese nicht öffnen ließen, lud er sie ins Auto und fuhr damit über die Grenze. Danach glitt ihm sein Leben vollends aus der Hand. Regie führten fortan andere. Er musste zwangsweise untertauchen, weil er gesucht und in den USA in Abwesenheit zum Tode verurteilt worden war. Seine Tage waren gefüllt mit Vorträgen und Schilderungen jenes einmaligen Diebstahls, der zur Enttarnung von Spionen in der DDR in nie gekanntem Ausmaß geführt hatte.

Die Geschichte war spektakulär, großes Kino, so dass man nicht anders konnte, als sie zu verfilmen. Aber Kino ist Kunst, nicht abgefilmtes Leben. Deshalb erfuhr die Handlung einige neue Zutaten, nicht wesentliche, aber dramaturgisch notwendige, es war ein Spiel-, kein Dokumentarfilm. Schließlich ging es um die Sache, nicht um die Person. Hesse wurde nicht nach dem Copyright gefragt. Auch wenn es »seine Geschichte« war, so gehörte sie ihm doch nicht mehr.

So entstand denn ohne sein Zutun ein Filmkunstwerk, das sich Millionen Menschen aus freien Stücken anschauten. Das war dem Stoff wie eben auch seiner Aufbereitung und den exzellenten Darstellern geschuldet, zu denen Horst Hesse allerdings nicht gehörte. Nur gelegentlich trat er bei öffentlichen Filmforen mit ihnen in Erscheinung und spielte dort die Rolle, die ihm zugedacht und die wohl auch die Rolle seines Lebens war: selbstlos und bescheiden, unauffällig, sich nie vordrängend.

So ging er denn auch von dieser Welt, ohne dass groß Notiz von seinem Tod genommen wurde. Lediglich zwei deutsche Tageszeitungen vermeldeten sein Ende.[2]

Wir haben es folglich mit einer zweifachen Ungerechtigkeit zu tun, die dieses Buch zu beheben versucht, auch wenn inzwischen viel Zeit ins gesamtkapitalistische deutsche Vaterland gegangen ist. Die erste besteht darin, dass Horst Hesse zu Lebzeiten – weshalb auch immer – jene öffentliche Anerkennung versagt blieb, die sein Husarenritt verdient hätte. Schließlich hatte er Leib und Leben riskiert, um dieses Land ein wenig sicherer zu machen, indem es etliche feindliche Spione ausschalten konnte. Mit Orden an Jahrestagen war es da gewiss nicht getan.

Die zweite Ungerechtigkeit bestand darin, dass der Film Furore machte und der eigentliche Held dahinter verschwand. Das Kunstwerk, die Inszenierung war größer als der Mann, der die Vorlage lieferte. Das ist so ungewöhnlich nicht, Lisa del Giocondo würde in keinem Geschichtsbuch Erwähnung finden, hätte Leonardo da Vinci sie nicht gemalt und uns als »Mona Lisa« hinterlassen. Zum Beispiel.

So wissen wir denn über Horst Hesse so gut wie nichts. Es gibt kaum Akten, die sich auswerten ließen, Arbeitskollegen leben auch nur noch wenige. Auskunft gaben einige Nachkommen, doch ihnen blieb die Arbeit ihres Vater fremd, denn sie war konspirativ oder fand vor ihrer Geburt statt. Hesses berufliche Tätigkeit endete bereits in der Mitte seines Lebens, mit 44 Jahren musste er invalidisiert werden. Das waren nicht die Folgen des Klassenkampfes, sondern des zweiten großen Krieges – ein Grund, weshalb Horst Hesse unbedingt einen dritten verhindern wollte. Das ist ihm, gemeinsam mit vielen anderen Zeitgenossen, gelungen. Und dafür gebührt ihm auch posthum Dank.

Und noch ein weiterer Grund rechtfertigt dieses Buch, auch wenn die deutsche Zweistaatlichkeit längst Geschichte ist und der Kalte Krieg, angeblich, auch. Es ist hin und wieder zum Verständnis der Gegenwart ganz nützlich, sich der Vergangenheit zu erinnern. Gesetze und Menschen wurden nicht nur in dem einen Staat gebrochen – der Kalte Krieg kannte keine Menschenrechte, die universell galten. Auf Recht und Gesetz ward gehustet, wenn es gegen den Feind ging.[3] Das scheint man in der Bundesrepublik zu verdrängen und absichtsvoll zu vergessen.

Die Wahrheit in den Zeiten des Kalten Krieges

»What the hell is on here, damned fool!« Ob der deutsche Untertan in Uniform diese Worte verstand, blieb unklar. Den Ton jedenfalls kannte er. Salutierend legte er eilig die Hand an den Mützenschirm und gab den Weg frei. Langsam fuhr der Kombi weiter nach vorn.

Vor dem Schlagbaum hatten sich Militärpolizisten postiert. Der US-Offizier dirigierte den soeben kontrollierten Pkw zurück. Nun sah er den Kombi auf sich zukommen. Sein Gesicht unter dem klobigen Helm verzerrte sich. Er stellte sich breitbeinig auf die Straße und hob die Hand. »Stop!«

Hansen wusste: Das war die Sekunde! Jetzt galt nur eins: handeln! Sofort und entschieden handeln! Er tat, als wolle er vor dem Offizier stoppen. Seine Hand tastete seitlich, fand die Gasgranate und entsicherte sie. Frantisek griff ohne Zögern die zweite.

Als Hansen in Höhe des Amerikaners angekommen war, schleuderte er die Bombe. Er warf sie nicht dem Offizier vor die Füße, der hatte keine Waffe griffbereit, das war zu sehen. Er warf sie nach vorn zwischen die Gruppe der deutschen Polizisten und amerikanischen Soldaten am Schlagbaum. Frantisek warf seine Bombe nach der anderen Seite. Scheppernd hüpften die Kugeln über die Straße, leise zischend. Kleine weiße Rauchwölkchen markierten ihren Weg. Wie gebannt stierten die Uniformierten auf die unscheinbaren Bälle, ohne recht zu verstehen, was da vor sich ging. Plötzlich brüllte jemand: »Deckung!«

Sie rannten nach allen Richtungen auseinander. Hansen sah die weit aufgerissenen Augen des US-Offiziers. Er sah, wie eine Hand im weißen Leder nach der Pistole suchte, wie die andere die Alarmpfeife an die Lippen riss. Dann sprang der Wagen jäh vorwärts und schoss in die Detonation der Granate hinein.

Der ganze Vorgang hatte nur Sekunden gedauert. Für die beiden im Wagen währte er eine Ewigkeit. Das Gas stäubte hoch. Die Pfeifen gellten. Ein erster Schuss pfiff seitlich in die splitternde Scheibe. Ein anderer musste einen Reifen getroffen haben. Der Wagen begann zu schlingern. Hansen gab Gas.

»Der Schlagbaum!«, schrie Frantisek.

»Deckung!«, brüllte jetzt Hansen und beugte sich tief über den Lenker. Eine Kugel durchschlug die hintere Scheibe des Wagens, dann die Sichtscheibe zum Laderaum und pfiff an seinem Ohr vorbei. Frantisek brüllte auf. Blut spritzte aus seinem Arm. Er warf sich vornüber. In derselben Sekunde schlug der Schlagbaum unter dem Anprall des Wagens zur

Seite. Der Kombi schien in die Luft zu springen. Wie auf einem Filmbild sah Hansen plötzlich den hohen Himmel mit den zierlichen Wölkchen. Darunter kurvte der Hubschrauber. Eine Filigrannaht von Leuchtspurgeschossen fuhr aus seinem Kastenleib und wirbelte unmittelbar neben seinem Wagen den Grasboden auf.

Hansen sah vor sich die freie Strecke. Und fünfhundert Meter weiter den nächsten Schlagbaum. Fuhr er oder flog er? Er wusste nicht, dass er mit dem Wagen wie ein Trunkener über die breite Straße torkelte. Er fühlte nicht Frantiseks Hand, die sich in seinen Schenkel verkrampft hatte. Er hörte nicht die Stimme des Tschechen: »Fahren, fahren!«

Vor dem Schlagbaum hielt er an. Der Kopf sank ihm schwer auf die Brust. Ein Offizier der Grenzpolizei schwang sich über das bunte Holz. Soldaten kurbelten den Baum in die Höhe.

Der Offizier steckte sein junges, frisches, etwas verstörtes Gesicht in den Kombi: »Sind Sie verletzt?«

Hansen sah ihn an, zuerst ohne Verständnis, dann lächelte er. Es war ein müdes Lächeln. Er löste mühsam die Hand vom Lenker und streckte sie dem Volkspolizei-Offizier entgegen.

»Ich bin Genosse Lorenz«, sagte er tonlos. Dann legte er den Kopf zurück und schloss die Augen.

*

Dieses etwas zu lang geratene Zitat ist das Ende des DEFA-Klassikers »for eyes only – streng geheim«, der in den frühen 60er Jahren die Kinos der DDR füllte. Aufgeschrieben wurde der Plot des Spielfilms von Mitarbeitern der Hauptabteilung Kader und Schulung des Ministeriums für Staatssicherheit, »um vielen Mitarbeitern eine bleibende Erinnerung an diesen Film zu schaffen«. Auch diese Broschüre, aus der hier zitiert wurde, war »for eyes only«. Das Vorwort endet ausdrücklich mit dem erhobenen Zeigefinger: »Dieser interne Druck ist nur für Mitarbeiter bestimmt und darf nicht öffentlich verbreitet werden.« Warum auch? Der Film war ja schließlich erfolgreich öffentlich gelaufen!

Weshalb also diese exklusive Versorgung der MfS-Mitarbeiter? Vielleicht, weil sie keine Zeit hatten, ins Kino zu gehen? Schließlich forderte der Kalte Krieg im Jahre 1963, als »for eyes only« in die Kinos kam, jeden Mann. Video und DVD waren bekanntlich noch nicht erfunden. So musste man den Film für die eigenen Leute eben aufschreiben.

Diesen Film sahen damals über zwei Millionen Menschen, er schuf Identifikationsfiguren und schied deutlich zwischen Gut und Böse. Vor allem dem einen, jenem Hansen, welcher der MID, der US-amerikanischen Military Intelligence Division, die komplette Agentendatei klaute und sie in die junge DDR brachte, flogen die Herzen der Zuschauer zu. Diesen Hansen gab es wirklich. Doch ihn kannte niemand. Er hieß Horst Hesse und verschwand, nachdem er die Seesäcke und den Tresor mit dem »hot stuff« von Würzburg in die DDR gebracht hatte, im Nirgendwo. Er tauchte unter. Befehlsgemäß und abgesichert durch seine Genossen. Aus Sorge, dass das Todesurteil, welches ein US-Gericht sofort über Hesse verhängte hatte, vollstreckt werden würde. Es wäre möglich gewesen, denn die Grenzen zwischen den beiden deutschen Staaten standen 1956 – wir reden über den Vorgang, nicht über den Film – für jede Schandtat offen.

Offiziell jedoch gab es den Vorgang überhaupt nicht. Dem amerikanischen Geheimdienst zufolge handelte es sich um eine propagandistische Maßnahme des MfS, die den Westen diffamieren sollte. Denn ihnen fehle weder ein Mann noch ein Tresor, erklärten sie. Auch vermisse man keine Akten.

Merkwürdig. Ein Mann, den es angeblich nicht gegeben hatte, war in Abwesenheit zum Tode verurteilt worden, und dessen Vorgesetzter kam für sieben Jahre hinter Gitter. Einfach so. Jener Major Walker leitete die Abteilung der MID, aus dem die Hauptabteilung II (HA II) des MfS, zuständig für die Spionageabwehr, die Akten entwendet hatte. Die man aber nicht vermisste. Angeblich.

Was also war dran an dieser Geschichte?

War's, wie die Amerikaner behaupteten, reine Propaganda? Oder handelte es sich doch um eine herbe Niederlage des US-Geheimdienstes und um einen Coup der ostdeutschen Spionageabwehr?

Befragen wir die Akten und Dokumente.

Der Ingenieur und die Soubrette

Der »Gothaische genealogische Hof-Kalender«, wegen des Verlagsortes kurz »Der Gotha« genannt, war Wilhelmine Kleemann wohl ziemlich egal. Noch ihre Mutter gehörte zum sächsischen Hofadel und war eine von Dannenberg. Obwohl es zum Standesbewusstsein des deutschen Adels gehörte, in diesem Konvolut verzeichnet zu sein, nahm sie in Kauf, daraus gestrichen, gleichsam aus dem blaublütigen Nest verstoßen zu werden. Mehr noch: Sie wurde enterbt. Warum sie verstoßen und enterbt wurde? Ganz einfach: Sie hatte einen Gemeinen, einen Bürgerlichen geheiratet. In der Familie Hesse wurde dieser Sachverhalt nicht ohne Stolz über die Generationen hinweg kolportiert.

Dieses Selbstbewusstsein übertrug sich auch auf Wilhelmines Schwiegertochter Martha, die 1921 in Calbe an der Saale Hermann Hesse geheiratet hatte.

Das Handeln von Wilhelmine prägte die Grundhaltung in der Familie Hesse: Privilegien verachtend und sozial geerdet. Doch Schwiegertochter Martha Hesse, geborene Pansemann, blieb ihr Leben lang etwas zurückhaltend, distinguiert-vornehm, wie ihre Enkel später erzählen sollten. Der Oma habe man die Familientradition angemerkt.

Calbe, Stadt an der Saale, erlebte zu Zeiten von Hermann Hesse (1896–1967) und Martha Hesse (1901–1977) eine erste industrielle Blüte als Textilzentrum. Die zweite wirtschaftliche Hochphase erfasste die wegen des fruchtbaren Bodens und des extensiven Zwiebelanbaus auch »Bollen-Calbe« genannte Kleinstadt in der DDR. Ab 1950 entstand dort das erste und einzige Niederschachtofenwerk der Welt. Wer in den 50er Jahren in der DDR zur Schule ging, lernte, dass man in einem Niederschachtofen »arme« Erze mittels Braunkohle verhütten konnte. Doch 1963 stellte der VEB Eisenwerke West den Betrieb wieder ein – wegen zu geringer Produktivität.

Im »Freiherrlichen Taschenbuch« von 1893 war Wilhelmine Hesse, geborene Kleemann, schon nicht mehr verzeichnet. Horst Hesses Großmutter stammte aus dem sächsischen Hochadel, wurde aber verstoßen und aus dem Adelsregister getilgt, weil sie einen Bürgerlichen, nämlich Heinrich Hesse, geheiratet hatte

Wilhelmine und Heinrich Hesse betrieben in der Hohendorfer Straße einen Kolonialwarenladen.

Ein solcher Laden war zu deutschen Kolonialzeiten – sie währten nur kurz – ein Lebensmittelgeschäft, das vor allem mit überseeischen Genussmitteln wie Kaffee, Reis, Kakao, Gewürzen und Tee handelte. Heute ist dieser Begriff aus unserem Sprachgebrauch verschwunden. Er versteckt sich zwar noch im Namen der Handelskette Edeka. Das ist nämlich die Abkürzung für »Einkaufsgenossenschaft der Kolonialwarenhändler im Halleschen Torbezirk zu Berlin« (E.d.K.). Ansonsten ist er aber seit den 70er Jahren in Deutschland ausgestorben. Der Tante-Emma-Laden, inzwischen gleichfalls vom Verschwinden bedroht, kommt dem Kolonialwarenladen wohl am nächsten.

Am 9. Dezember 1896 zeigte Heinrich Hesse dem Standesbeamten Mittelstadt durch die Hebamme Marie Bald die Geburt eines Sohnes namens Hermann Hesse an – wohlgemerkt in Calbe, nicht in Calw! Der berühmte Großschriftsteller aus dem Nordschwarzwald konnte wohl kaum als Namenspate herhalten. Der nachmalige Literaturnobelpreisträger war neunzehn Jahre alt, ihn kannten damals nur Verwandte und Freunde.

Hermann Hesse erlernt den Beruf des Flugzeugmechanikers auf dem Flugplatz Magdeburg. Das war kein gewöhnlicher Beruf wie Schreiner, Bäcker oder Schmied. Flugzeuge waren – so archaisch uns die verwegenen Kisten aus dem frühen 20. Jahrhundert heutzutage auch anmuten – Spitzenprodukte des wissenschaftlich-technischen Fortschritts. So war es kein Wunder, dass Hermann Hesse im September 1915, also ein Jahr nach Ausbruch des Ersten Weltkriegs, als Flugzeugwart zu den kaiserlich-deutschen Luftstreitkräften nach Breslau eingezogen wurde.

Der Erste Weltkrieg war keineswegs die Geburtsstunde des Luftkriegs. Bereits im Revolutionsjahr 1849 ließen die Österreicher während der Belagerung Venedigs aus Ballons 110 Bomben auf die Lagunenstadt fallen. Im Ersten Weltkrieg wurden jedoch die ersten, lange Zeit gültigen Luftkriegskonzepte entwickelt. Das war möglich, weil zum ersten Mal Flugzeuge eingesetzt wurden – auch wenn die Zeppeline anfangs noch die »Großkampfschiffe« waren. Bis zum Kriegsende 1918 bauten die Hauptakteure des Völkergemetzels zusammen mehr als 150 000 Flugzeuge – Deutschland allein 48 000.

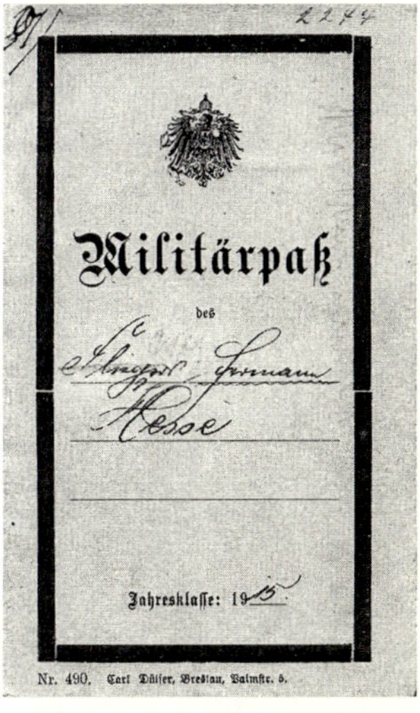

Militärpass von Horst Hesses Vater, Hermann Hesse, im Ersten Weltkrieg

Im Januar 1919 aus dem Militärdienst entlassen, musste Hermann Hesse feststellen, dass seine Ausbildung als Flugzeugmechaniker nichts mehr wert war. Der Versailler Vertrag verbot Deutschland ausdrücklich eine Luftwaffe. Artikel 198 lautete: »Die bewaffnete Macht Deutschlands darf keine Land- oder Marine-Luftstreitkräfte umfassen.«

Calbe, eine auch durch die Landwirtschaft geprägte Stadt, bot dem Mechaniker eine neue Perspektive: den Bau von Motormühlen, die im Deutschland der 20er Jahre schrittweise die Windmühlen ersetzten.

Wann genau er die fast fünf Jahre jüngere Martha Pansemann kennenlernte, ist nicht überliefert. Sicher dagegen ist, dass sie am 8. August 1921 heirateten. Ihr Sohn Horst wurde am 12. Mai 1922 in Magdeburg geboren; er blieb ihr einziges Kind.

Es war sicher nur ein Zufall, dass genau an jenem Tag die Operette »Frasquita« von Franz Lehár in Wien uraufgeführt wurde. Doch es passt irgendwie zur Passion von Mutter Martha, als Operettensängerin zu dilettieren: Sie ist auf verschiedenen Plakaten als Mitwirkende verzeichnet. Das Repertoire waren Rollen in den Gassenhauern ihrer Zeit: »Der Bettelstudent«, »Die lustige Witwe« und »Der Zigeunerbaron«.

Heiter ist die Kunst, ernst jedoch das Leben. Und so fand das künstlerische Engagement der Martha Hesse ein ebenso jähes wie frühes Ende. Ihre Schwiegermutter erkrankte schwer, so schwer, dass sie den Kolonialwarenladen nicht mehr führen konnte.

Der Breite Weg in Magdeburg, der Geburtsstadt Horst Hesses

Längst war aus dem Geschäft ein kleines Unternehmen mit Fleischerei, Lager und eigener Likörproduktion geworden. So verschwand die Soubrette von der Bühne und fand sich hinterm Ladentisch wieder. Ihr Sohn Horst wird sich sein Leben lang erinnern an die Gerüche von Zimt, Kardamom, Tabak, Kaffee. Sein Vater, der Tüftler Hermann Hesse, kreierte stets neue Schnäpse. Großer Zuspruch war einem Likör beschieden, der mit Pfeffer gewürzt wurde – eine ganz scharfe Sache. Doch auch dieser Erfolg hielt nicht lange an. Die Zeiten waren dem Genuss nicht gewogen: Erst beeinträchtigte die Inflation des Jahres 1923, dann die Weltwirtschaftskrise von 1929 das Geschäft negativ.

Besonders die Hyperinflation war dem Auskommen abträglich. Hermann Hesse war ein gutmütiger Mensch. So schrieb er auch zu Zeiten der galoppierenden Geldentwertung klammen Kunden den Einkauf an.

Diese Inflation kam nicht wie der Dieb in der Nacht, unbemerkt und schleichend. Sie war von der Regierung des Reichskanzlers Wilhelm Cuno hausgemacht. Da die Regierung die vom Versailler Vertrag auferlegten Reparationen weder in Geld – als Währung war die Goldmark gefordert – noch in Naturalien, zum Beispiel Kohle, leisten zu können vorgab, besetzten französische und belgische Truppen im Januar 1923 das Ruhrgebiet und versetzten die Region in eine Beinahe-Kriegszeit. Der sogenannte »Ruhrkampf« brach los. Zugleich wurde eine chauvinistische Kampagne entfacht, die mit der Kriegspsychose von 1914 vergleichbar war. Vom passiven Widerstand in Ämtern und Behörden über Streiks in den Betrieben bis hin zu Sabotageakten an Brücken und Kanälen reichte das Waffenarsenal der rheinischen Insurgenten. Diese Maßnahmen, von der Regierung Cuno unterstützt, teilweise sogar initiiert, trugen nicht zu einer Lösung der Probleme bei, vielmehr verschärften sie die Auseinandersetzung.

Da die Menschen im besetzten Ruhrgebiet den neuen Herren von der linken Rheinseite nicht dienen wollten, gab es von denen natürlich auch keinen Lohn. Darum mussten sie von Berlin alimentiert werden. Das geschah mit einer sogenannten Papiermark, die, ehe man sich's versah, wegen der extensiven Geldvermehrung buchstäblich das Papier, auf dem sie gedruckt wurde, nicht mehr wert war. Nutznießer waren 300 deutsche Papierfabriken, die voll und ganz damit beschäftigt waren, die wachsende Nachfrage zu befriedigen. Rund 150 Druckereien arbeiteten Tag und Nacht, obwohl man schrittweise dazu überging, Geldscheine nur noch einseitig zu bedrucken. Für ein Frühstücksei beispielsweise, das im Jahre 1912 sieben Pfennig kostete, verlangte man im November 1923 den stolzen Preis von 320 Milliarden Papiermark. Die Masse der Deutschen, der sogenannte »kleine Mann auf der Straße«, war innerhalb weniger Monate ihre angesparten Rücklagen los, sie waren nichts mehr wert. Grund und Boden, Immobilien, Maschinen und Anlagen hingegen verloren nicht an Substanz. Am 9. November 1923 war ein US-Dollar 628,5 Milliarden Papiermark »wert«.

Nur langsam erholte sich die deutsche Wirtschaft von diesem ökonomischen Erdbeben – aber sie erholte sich.

Auch der Bau ziviler Flugzeuge kam langsam in Gang: bei Junkers in Dessau, Fokker in Schwerin oder Dornier am Bodensee. Hermann Hesse kehrte zu seiner alten Leidenschaft zurück und erfüllte sich einen Traum: Er studierte in Magdeburg und Berlin-Adlershof Flugingenieurswesen.

1934 war auf Befehl von Hermann Göring im Süden Berlins die Höhere Fliegertechnische Schule (HFTS) gegründet worden. In welcher Funktion dies geschah, scheint unerheblich, Göring war Reichsminister ohne Geschäftsbereich, Reichskommissar

Banknote über 5 000 000 000 000 Reichsmark, ausgegeben in der Zeit der Hyperinflation 1923

für Luftfahrt und Reichskommissar für das preußische Innenministerium sowie Ministerpräsident Preußens. Erheblich jedoch ist die Tatsache, dass diese Schule ein Baustein für die systematische Vorbereitung des Nazireiches auf einen neuen Krieg war. Dort wurde Personal für die deutsche Luftwaffe ausgebildet. 1941, da tobte dieser Krieg bereits im dritten Jahr, zog die HFTS nach Jüterbog. Die Adlershofer Liegenschaften wurden von der Deutschen Versuchsanstalt für Luftfahrt (DVL) übernommen. Man kann die Gebäude noch heute an der Justus-von-Liebig-Straße betrachten.

Horst Hesse trat in die Fußstapfen seines Vaters und wurde Feinmechaniker. Das war für ihn mehr als nur ein Beruf, es war eine Berufung. Er lernte in der Flugzeugwerft des Flughafens Magdeburg-Süd. Dieser Flughafen war im Januar 1936 eröffnet worden. Es war der fünfte Flugplatz Magdeburgs, und er wurde erforderlich, nachdem Görings Luftwaffenministerium seinem Vorgänger im Osten der Stadt die zivile Betriebsgenehmigung entzog. Der Reichsmarschall benötigte die Fläche für die Kriegsvorbereitung.

Feinmechaniker bedeutet mehr, als nur an kleinen Schrauben zu drehen. Der Beruf verlangt die Konstruktion und Fertigung von Geräten sehr kleiner Abmessungen mit sehr hoher Präzision. Als Feinmechaniker auf einer Flugzeugwerft ist man zuständig für die Fluginstrumente, deren Wartung Genauigkeit, Zuverlässigkeit und Sorgfalt verlangt.

Zeitlebens war es Horst Hesses Leidenschaft, zu konstruieren, zu bauen und zu reparieren. Präzision und Fingerspitzengefühl waren zu einem Teil seiner Persönlichkeit geworden. Uhren im Hause Hesse wurden von ihm gereinigt und, wenn nötig, auch in Ordnung gebracht.

Diesseits von Afrika

Nach Abschluss der Lehre in Magdeburg wurde Horst Hesse 1942 zur Wehrmacht eingezogen. Er landete beim Deutschen Afrikakorps (DAK), jenem Großverband der Wehrmacht, der »Großdeutschland« den Weg zur Weltherrschaft ebnen sollte. Und der sollte nach Indien führen – über den Kaukasus und den Mittleren Osten sowie über Nordafrika und Nahost, wo man die britische Kolonialmacht zu besiegen hoffte. Die Kaukasus-Zange, wie Historiker die Strategie bezeichnen.

Bereits 1925 hatte Adolf Hitler diese Überlegungen während seiner Haft in Landsberg am Lech zu Papier gebracht. »Wenn die deutsche Nation den Zustand ihrer drohenden Ausrottung in Europa beenden will, dann hat sie nicht in den Fehler der Vorkriegszeit zu verfallen und sich Gott und die Welt zum Feind zu machen, sondern dann wird sie den gefährlichsten Gegner erkennen müssen, um mit der gesamten konzentrierten Kraft auf ihn einzuschlagen.«[4] Dass dieser »gefährlichste Gegner« die Sowjetunion und die kommunistische Weltbewegung waren, und nicht der nördliche Rand des afrikanischen Kontinents, stand schon damals fest.

Was also trieben deutsche Truppen zwischen dem »Westfeldzug« (Mai 1940) und dem Überfall auf die Sowjetunion (Juli 1941) in Nordafrika? Darüber streiten die Gelehrten. Es ist die Rede davon, dass Hitler, dem ein sentimentales Verhältnis zu Mussolini nachgesagt wurde, dem militärisch glücklos agierenden »Duce« helfen wollte. Die italienischen Truppen waren im Februar 1941 von den Briten in Libyen jedoch zerschlagen worden. Andere meinen, es sei ein Krieg um Öl gewesen.[5] Die Eroberungspläne des Dritten Reichs waren nicht ohne Energiequellen zu realisieren.

Allerdings scheiterte auch dieses Ansinnen, das DAK musste am 12. Mai 1943 kapitulieren. Rund 150 000 deutsche Soldaten kamen in britische Kriegsgefangenschaft – darunter auch der schwer verletzte Horst Hesse. Sein linker Oberschenkel war völlig zerfetzt, und nur die sofortige Operation durch einen jungen Feldarzt rettete sein Bein. Zurück blieben beachtliche Narben – die Enkel sagten deshalb, der Opa habe »eine Bombe im Bein«.

Hesse überstand neben der Operation und der Malaria auch die britische Kriegsgefangenschaft, die für ihn nur kurze Zeit währte: Briten und Deutsche tauschten 1944 verwundete Soldaten aus, und der Obergefreite Horst Hesse kam zurück nach Hause. Obgleich sein rechtes Bein nie mehr in Ordnung

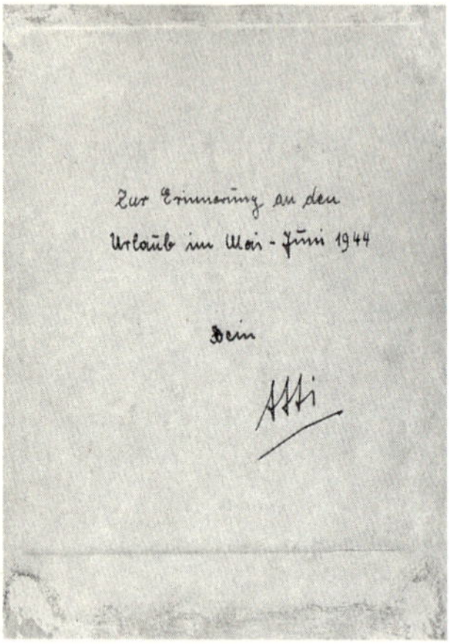

Horst Hesse auf Fronturlaub in Mageburg 1944, seit 1943 verheiratet mit Ruth Hesse, geborene Bertz (*1924), einer Verkäuferin

kam, war Hesse »k. v.« – kriegsverwendungsfähig. Er kam nach ’s-Hertogenbosch in der niederländischen Provinz Nordbrabant. Dort wurde er zum zweiten Mal verwundet – diesmal jedoch nicht so schwer wie in Afrika.

Wenngleich Horst Hesse gezeichnet war, so entbehrt doch die Behauptung jeder Grundlage, dass er nach dem Krieg »durch seine Kriegsverletzung sowie eine immer wieder ausbrechende Malaria, die ihn wohl während des Einsatzes in Nordafrika erwischt hatte, und eine mit Lähmungen einhergehende Diphtherie, die er sich 1945 zugezogen hatte, nur eingeschränkt arbeitsfähig war«. Das jedenfalls schrieb der Oldenburger Historiker Bernd Stöver.[6] An die »immer wieder ausbrechende Malaria« kann sich in der Familie Hesse bis heute niemand erinnern. Diese

Erkrankung bereitete ihm keine Probleme wie er eben auch mit den anderen Handicaps gut klarkam.

Hermann Hesse, dem Vater, blieb der Kriegsdienst auch nicht erspart – der Ingenieur wurde als Offizier reaktiviert. Am 1. September 1939, dem Tag, an dem die faschistische Wehrmacht Polen überfiel, rückte er in das Fliegerausbildungsregiment 21 in Magdeburg ein, zunächst als Fliegeringenieur. Das entsprach einem Leutnant. Beendet hat Hermann Hesse den Krieg als Major auf recht ungewöhnliche Weise: Inzwischen war er leitender Ingenieur im Schlachtgeschwader 103, das in der Lüneburger Heide in Faßberg stationiert war. Seine Erfahrungen während des Krieges, das Schicksal seines Sohnes und dessen Erzählungen machten ihm klar, dass es unsinnig war, was er tat. So entließ er seine Untergebenen im März 1945 in einen einmonatigen Urlaub in der Überzeugung, dass vor Ablauf des Urlaubs der Krieg enden würde. Er selbst ließ sich von seinem Adjutanten »zur Verwendung in der Industrie« entlassen. Dieser ungewöhnliche Vorgang blieb natürlich nicht geheim, und so jagten die Kettenhunde, die berüchtigte und gefürchtete Feldgendarmerie, den Stabsingenieur. Doch dieser entkam mit Berufung auf seinen Sohn Horst, der als zweimal Verwundeter als Kriegsheld galt.

Hermann Hesse blieb, als der Krieg vorüber war, zunächst in Niedersachsen und wurde Gemeindearbeiter in Lintzel im Landkreis Uelzen. Sein Sohn Horst Hesse ging nach Magdeburg.

Magdeburg

Horst Hesse kehrte in die Stadt, in der er am 12. Mai 1922 geboren worden war, zurück. Er war erst dreiundzwanzig Jahre alt und hatte bereits in den Schlund der Hölle geblickt. Er wusste noch nicht viel von dieser Welt, denn zum Lernen hatte er kaum Zeit gehabt. Doch eines wusste er ganz sicher: Nie wieder Krieg! Horst Hesse wurde zeitlebens nicht müde, dies zu betonen. Diese Überzeugung wurde zur Maxime seines weiteren Lebens.

Er war aufgewachsen in der stolzen Stadt an der Elbe, die auf eine mehr als tausendjährige Geschichte zurückblickte. Schon 805 wurde die Stadt in Anordnungen Karls des Großen erwähnt. Otto I. – auch einer von den Großen – unterhielt in der Elbestadt eine Kaiserpfalz. Bereits im 12. Jahrhundert entwickelte sich das Magdeburger Recht. Aus dem Gewohnheitsrecht der Kaufleute entspringend, garantierte es den Bürgern persönliche Freiheit, Eigentum, Unversehrtheit von Leib und Leben und geordnete wirtschaftliche Tätigkeit. Dieses Magdeburger Recht fand Verbreitung bis weit in den Osten Europas: Städten wie Vilnius, Kaunas, Minsk oder Kiew wurde es im 14. und 15. Jahrhundert verliehen. In Kiew steht noch heute ein Denkmal, das diesen Sachverhalt würdigt – es gab also Zeiten, zu denen deutsche Anregungen konstruktiv für den Osten Europas waren …

Im Dreißigjährigen Krieg belagerten die katholischen Truppen der Liga unter Johann von Tilly, die Kaiserlichen, Magdeburg. Am 20. Mai 1631 eroberten sie die Stadt. Was folgte, war das größte Massaker dieses grausamen europäischen Krieges: die Magdeburger Hochzeit. Danach war der Ort an der Elbe völlig zerstört und entvölkert. Tillys Vorgehen war sprachstiftend: Fortan nannte man besonders grausames Vorgehen »magdeburgisieren«. Heute ist diese Bedeutung aus der Alltagssprache jedoch verschwunden.

Am Ende des Zweiten Weltkriegs ging Magdeburg erneut in Flammen auf. Am 16. Januar 1945 wurde das historische Zentrum der traditionsreichen Industriestadt zu 90 Prozent zerstört. Allein 13 Kirchen fielen in Trümmer. Der Breite Weg, eine der schönsten Gründerzeitstraßen Deutschlands, wurde durch die Bomben der Royal Air Force vernichtet. Magdeburg war, um Brecht zu zitieren »eine radierung churchills, nach einer idee von hitler«![7] 2000 Menschen starben, 190 000 verloren ihr Zuhause.

Als am 11. April 1945 alliierte Truppen anrückten, weigerte sich General Adolf Raegener, Kommandeur des »Verteidigungsbereichs Magdeburg«,

Die Ruinen des zerstörten Magdeburgs, im Vordergrund die Elbe, links außen der Dom

die Stadt zu übergeben. Die US-amerikanischen Verbände durchbrachen nach heftigem Bombardement der Stadt – oder was von ihr übrig geblieben war – die deutschen Linien und setzten sich am linken, am westlichen Ufer der Elbe fest.

Magdeburg war nun ausradiert. Generalleutnant Raegener wurde für seine »Verteidigungsleistung« mit dem Eichenlaub zum Ritterkreuz dekoriert.

Das Bild des Grauens, das Magdeburg bot, entmutigte Horst Hesse nicht. Ganz im Gegenteil: Er wollte arbeiten, mit anpacken, damit er und seine Familie ein lebenswertes Dasein führen konnten. Er wurde wieder Feinmechaniker und nahm eine Tätigkeit im Magdeburger VEB Schwermaschinenbau »Ernst Thälmann« auf.

Doch dort hielt es es nicht lange aus. Als die Deutsche Volkspolizei aufgebaut wurde, meldete er sich freiwillig. Dieser Entschluss gründete auf der Beobachtung, dass die einen die Trümmer wegräumten und kaum genug hatten zum Leben, während die anderen stahlen, schoben und schmuggelten und als Kriminelle wie die Maden im Speck lebten. Gegen diese schreiende Ungerechtigkeit wollte er etwas tun. Was lag da näher, als zur Polizei zu gehen. Dort, erzählte Hesse später, habe er Diebe, Schieber und Schmuggler erlebt. Die Jagd auf die kriminellen Nachkriegsgewinnler war eine Aufgabe, die er mit Überzeugung und Energie erfüllte. 1948 schloss sich Horst Hesse der SED an. Dies tat er voller Überzeugung und nicht, weil der Wind seit 1945 aus dem Osten wehte. Er wurde schließlich zur Grenzpolizei kommandiert – da war die Zonengrenze längst keine Demarkationslinie mehr, sondern der Saum des Eisernen Vorhangs.

Der Volkspolizei, die im Oktober 1948 auf Befehl der Sowjetischen Militäradministration in ihrer Zone gebildet worden war, fehlte es an Spezialisten, vor allem an Kommandeuren und Offizieren, die erforderlich waren, um einen Polizeiapparat aufzubauen und zu führen. SED-Generalsekretär Walter Ulbricht forderte im April 1948 vor den Innenministern der Länder der Sowjetischen Besatzungszone in Werder/Havel: »Wir brauchen Leute, die Fronterfahrungen, Leute, die Spanienerfahrungen oder sich auch sonst im Kampf bewährt haben. Ein Mann, der am Ebro gekämpft und (sich) bewährt hat, ist nicht für uns zu ersetzen, er gehört in eine leitende Stelle in der Polizei.«

Horst Hesse als junger Volkspolizist, 1951 aus dem Dienst entlassen, weil er in britischer Kriegsgefangenschaft war

Ehemalige Spanienkämpfer (wie Heinz Hoffmann, Heinrich Dollwetzel oder Friedrich Dickel) waren jedoch rar, hingegen bildeten die deutschen Kriegsheimkehrer ein großes Reservoir. Sie verfügten über eine militärische Ausbildung. Doch der Weg in die polizeilichen und militärischen Strukturen der Sowjetischen Besatzungszone blieb nach den Bestimmungen der Entnazifizierungskommissionen vielen der so bitter benötigten Spezialisten »wegen ihrer Betätigung im Sinne des Nationalsozialismus und Militarismus« vorerst verwehrt. Hinzu kam der Kalte Krieg zwischen den einstigen Alliierten, was zum Erlass des Befehls Nr. 2 des Präsidenten der Deutschen Verwaltung des Innern (DVdI) am 14. Januar 1949 führte. Wer in westlicher Kriegsgefangenschaft war oder Verwandte ersten Grades in den Westzonen hatte, wurde nicht in die Polizei aufgenommen, und mancher wurde deshalb entlassen. Auch trennte man sich von jenen, die aus politisch-moralischen Gründen nicht geeignet schienen; dabei hatte man auch die hohe Desertionsrate im Auge.

Zunehmend konzentrierte man sich auf die Männer, die aus sowjetischer Kriegsgefangenschaft zurückkehrten. Sie hatten dort oft eine Antifa-Schule besucht und besaßen damit nicht nur die militärische Qualifikation für den Polizeidienst. Die Sowjetunion ließ Ende der 40er Jahre Soldaten, Offiziere und Generale, die sich zum Polizeidienst im Osten Deutschlands verpflichtet hatten, ziehen. Viele jedoch, die mit diesem Ticket heimkehrten, blieben nicht im Polizeidienst. Sie wurden entlassen, weil sie den politischen Anforderungen nicht genügten, oder sie nutzten die Gelegenheit und setzten sich über die offene Grenze in die Westzonen ab.

Horst Hesse war aus anderem Holz geschnitzt, wurde aber 1951 dennoch aus der Volkspolizei entlassen: Er war nicht in sowjetischer, sondern in britischer, also westlicher Kriegsgefangenenschaft gewesen. Enttäuscht kehrte er an die Werkbank im Schwermaschinenbau zurück.

Der Historiker Bernd Stöver behauptet, Horst Hesse sei 1948 wegen »politischer Unzuverlässigkeit« aus der Volkspolizei »geworfen worden«.[8] Hesse wurde erstens entlassen, nicht gefeuert. Zweitens geschah dies nicht 1948, sondern 1951. Drittens wurde die Kalte-Kriegs-Formel »politisch unzuverlässig« pauschal auf alle angewendet, die aus den Westzonen gekommen waren. Sie galten als potenzielle Agenten des politischen Gegners.

Die Entlassung aus dem Polizeidienst stellte die bereits fünfköpfige Familie Hesse vor existenzielle Probleme. Horst hatte 1941 die zwei Jahre jüngere Verkäuferin Ruth Bertz kennengelernt. 1943 kam Tochter Marion zur Welt, es folgten Gabi und Hedda. Der Betrieb zahlte gut, die Polizei zahlte besser. Nunmehr war wieder weniger in der Haushaltskasse, für die doch jede Mark zählte – das war früher nicht anders als heute. Doch dass ihn diese Tatsache empfänglich gemacht habe für eine nachrichtendienstliche Werbung durch den US-amerikanischen Geheimdienst MID, wie besagter Historiker unterstellt[9], scheint an den Haaren herbeigezogen.

Sowohl seine damalige Frau Ruth als auch seine älteste Tochter Marion bestätigen, dass Horst Hesse nach der Kontaktaufnahme durch den ehemaligen Nachbarn Voigt sofort zu den Genossen der Volkspolizei gegangen ist. Es gibt auch Aussagen, dass Hesse sich gleich beim MfS gemeldet habe.

Die ungleichen Schwestern

Wehe der Geschichte, wenn sie den Pharisäern in die Hände fällt: Sie wird verdreht und verbogen, bis sie ins eigene Bild passt. Doch sollte man die Vergangenheit nicht als Rechtfertigungsplattform für das eigene Tun missbrauchen, sondern als Vergangenheit gewordenes Handeln von Menschen sehen, dessen Betrachtung helfen kann, unsere Gegenwart zu verstehen. Es ist also geboten, kurz die historischen Verhältnisse zu betrachten, unter denen Horst Hesse und seine Generation lebten.

Der Krieg war zu seinem Ausgangsort zurückgekehrt – Deutschland lag in Trümmern. Die Hälfte der Wohnfläche war zerbombt. Die akute Wohnungsnot wurde verstärkt durch rund zehn Millionen Flüchtlinge aus dem Osten, die in die vier Besatzungszonen strömten. Allein die britische Zone hatte im April 1947 einen Bevölkerungszuwachs von 3,67 Millionen zu verzeichnen – das waren fast 20 Prozent mehr Menschen, als dort 1939 lebten. Die Haltung der einheimischen Bevölkerung in den vier Zonen gegenüber den Flüchtlingen und Umsiedlern war, wie viele Zeitzeugen berichten, mehr als abweisend. Oft fanden sie ein karges Auskommen nur aufgrund des Drucks der Besatzungsorgane und der deutschen Verwaltung. »Willkommenskultur« war seinerzeit ein weithin unbekanntes Fremdwort – selbst unter »Volksgenossen«.

Die Deutschen mussten nach Kriegsende sehr geduldig sein, denn sie kamen kaum von A nach B: Die meisten Brücken über die großen Flüsse Rhein, Donau, Elbe und Oder waren zerstört, zerbombt, zerschossen oder gesprengt, wichtige Verkehrsadern durchtrennt. Dazu kam, dass es an Gas, Wasser, Kohle und Energie fehlte. Im fast sibirischen Winter 1946/47 brach dann auch die gesamte Energieversorgung zusammen – es fehlte an Reserven, vor allem Kohle konnte wegen fehlender Transportkapazitäten nicht geliefert werden. Dieser Winter wurde als Hungerwinter bekannt. Konnte ein Durchschnittsdeutscher 1939 täglich noch 3113 Kilokalorien verbrauchen, waren es 1946 mit 1451 weniger als die Hälfte.

In den vier Besatzungszonen waren nach dem Krieg circa 300 Milliarden Reichsmark im Umlauf. Diesem Geld standen jedoch kaum Waren gegenüber. Der Schwarzmarkt war der Bankert dieses Warenmangels. Und so fungierten neben der offiziellen Reichsmark noch zwei weitere Währungen als Zahlungsmittel: das Besatzungsgeld und die Zigaretten.

In den Westzonen vollzog sich der Wiederaufbau mehr oder weniger offen unter Mitwirkung der alten Eliten, die sich nach 1945 ebenso anzupassen wussten wie 1933. Mehr als nur mit Billigung der westlichen Besatzungsmächte wurde das alte kapitalistische System restauriert. Es war weder 1933 noch 1945 beseitigt worden, durch die Kriegsniederlage hatte es allenfalls einen Dämpfer erhalten. Die Westmächte brauchten den von ihnen besetzten Teil Deutschlands als Bollwerk gegen »den Kommunismus«, den Churchill hinter einem Eisernen Vorhang sehen wollte. Deshalb unternahmen sie alle Anstrengungen, das alt-neue Deutschland in ihre strategischen Pläne einzubinden. In der herrschenden Klasse Westdeutschlands fanden sie willige Partner.

Die »Hesse-Generation«, die nicht zu den Eliten gehörte, hatte den Zweiten Weltkrieg als Opfer erlebt und erlitten. Sie war gezeichnet an Leib und Seele, ein Leben lang. Nur: Die einen lernten aus der Geschichte, die anderen ließen sich erneut verführen und manipulieren.

Die »subjektiven« Schäden des Krieges, die Leiden der Menschen, ließen sich nicht beziffern, die materiellen dagegen schon. Weltweit wurden sie auf 260 Millarden US-Dollar geschätzt – das sind heute fast dreieinhalb Billionen Dollar.

Die Hälfte dieser materiellen Schäden hatte die Sowjetunion erlitten. Jeder zehnte Sowjetbürger war tot – über 20 Millionen verloren ihr Leben. Am Ende des Krieges waren 25 Millionen Menschen in der Sowjetunion ohne Obdach. Kein Wunder: über 1700 Städte und 70 000 Dörfer waren zerstört, ebenso 31 800 Industriebetriebe, 1138 Gruben und fast 100000 landwirtschaftliche Betriebe. Die Sowjetunion war zwar politisch und militärisch zur Weltmacht geworden – ökonomisch jedoch lag das Riesenreich am Boden.

Anders die USA, die große westliche Siegermacht. Zwar hatten auch die Vereinigten Staaten eine halbe Million Soldaten bei der Befreiung Deutschlands vom Faschismus verloren, doch auf ihrem Territorium hatte es keinerlei Zerstörungen gegeben, und die gewaltige Rüstung erwies sich überdies als ein umfassendes Konjunkturprogramm für die Wirtschaft. Experten sind sich mittlerweile einig, dass die Weltwirtschaftskrise 1929 nicht durch Roosevelts Wirtschafts- und Sozialreformen, genannt New Deal, überwunden wurde, sondern durch den Zweiten Weltkrieg.

So verschieden die Auswirkungen des Krieges bei den beiden Großmächten waren, so unterschiedlich waren auch die Ausgangsbedingungen in den westlichen und östlichen Besatzungszonen. Das Territorium der sowjetisch besetzten Zone betrug nur etwa ein Drittel des verbliebenen Deutschlands. In Jalta im Februar 1945 und ein halbes Jahr später in Potsdam hatten die Siegermächte die Demarkationslinien fixiert und auch verfügt, dass ihre legitimen Reparationsforderungen aus den jeweiligen Besatzungszonen durch Demontagen und Sachlieferungen befriedigt werden sollten. Der Sowjetunion wurde zugestanden, auch aus den Westzonen entschädigt zu werden, schließlich waren ihr durch den faschistischen Aggressor die größten Schäden zugefügt worden. Im Mai 1946 stellte die US-amerikanische Militärregierung jedoch die Reparationszahlungen aus ihrer Besatzungszone an die Sowjetunion ein, Großbritannien und Frankreich schlossen sich dem Boykott an. Der Kalte Krieg erlebte seinen ersten Höhepunkt. Die Sowjetunion forcierte daraufhin die Demontagen in ihrer Zone, während die Westmächte die Bezüge aus ihren Zonen nicht nur reduzierten, sondern aussetzten.

Die ohnehin wirtschaftlich schlechter ausgestattete Ostzone – die Mehrheit der deutschen Industriebetriebe und Bodenschätze befand sich in den Westzonen – verlor im Rahmen der Reparationsleistungen einen Großteil der Betriebe und das halbe Schienennetz, und die verbliebenen Betriebe produzierten mehrheitlich für die Sowjetunion. Gewiss, das war nur ein Bruchteil der Schäden, die Deutsche in der Sowjetunion angerichtet hatten, aber es schwächte erheblich die ökonomische Basis in der sowjetisch besetzten Zone. In den Westzonen hingegen lief das nach dem US-Außenminister Marshall benannte Wiederaufbauprogramm für Europa an. Natürlich erfolgte diese Hilfe nicht aus Altruismus, wie die westliche Propaganda behauptete: Mit diesen Finanzspritzen legte man die westeuropäischen Staaten an den Tropf, machte sie abhängig und gefügig. Tatsache aber ist auch, dass diese Maßnahme wirtschaftlich wirksam und hilfreicher war als die sowjetische Politik in ihrer Zone.

Mit dem SMAD-Befehl Nr. 167 vom Juni 1946 wurden die Entnahmen aus der Produktion der SAG-

Betriebe forciert, also jener Betriebe, die als sowjetische Aktiengesellschaft geführt wurden. Die SAG Wismut war wohl der bekannteste unter ihnen. In deren Gruben wurde Uranerz gewonnen, das Ausgangsmaterial für die sowjetische Atomindustrie. Die Wismut mit ihren Schächten in Thüringen und Sachsen – seit 1954 als Sowjetisch-Deutsche Aktiengesellschaft geführt, was aber an den Eigentums- und Nutzungsrechten de facto nur wenig änderte – sollte bis 1989 nächst der UdSSR, den USA und Kanada der größte Uran-Produzent der Welt werden. Der strategisch wichtige Rohstoff wurde benötigt, um das mit dem Abwurf von Atombomben auf Hiroshima und Nagasaki im August 1945 begründete und vor der Welt demonstrierte Atomwaffenmonopol der USA zu brechen. Das gelang vier Jahre später: Im August 1949 erfolgte im kasachischen Semipalatinsk der erste Atomtest der Sowjetunion.

In jenem Jahr erfolgte die endgültige Teilung Deutschlands. Die Spaltung wurde in erster Linie durch die Westmächte veranlasst, die mit einer Reihe von Maßnahmen – Bildung einer Bi-, dann einer Tri-Zone, einer separaten Währungsreform 1948, Einberufung eines Parlamentarischen Rates, Erarbeitung und Annahme eines Grundgesetzes in den Westländern – konsequent Kurs auf die Konstituierung eines westdeutschen Separatstaates genommen hatten. In Reaktion darauf konstituierte sich in der sowjetisch besetzten Zone die Deutsche Demokratische Republik. Beide deutsche Staaten waren Ergebnisse des Kalten Krieges, allerdings grundverschieden. Der eine war die Fortsetzung des alten Staates mit anderen Mitteln (nach dem heutigen Grundverständnis der Bundesrepublik gibt es diesbezüglich eine Kontinuität seit 1871), während der andere etwas völlig Neues in der deutschen Geschichte darstellte. Die DDR brach mit dem alten, konservativ-reaktionären kapitalistischen System. Insofern ist ein Vergleich, gar eine Gleichsetzung mit jedem anderen Staat in der deutschen Geschichte nicht nur unmöglich, sondern auch unzulässig. Die DDR war unvergleichlich, also einzigartig. Der einzige Maßstab für ihre Beurteilung ist sie selbst, nämlich inwieweit sie den Ansprüchen, Vorhaben und Idealen, mit denen sie in die Geschichte eintrat, genügt und sie erfüllt hat. Das aber ist ein anderes Thema.[10]

Hier geht es zunächst darum, in welche Zeit ein Mensch wie Horst Hesse gestellt war.

Er sah, dass sich mühsam etwas Neues entwickelte, erlebte aber auch die fortgesetzen Forderungen der Schutzmacht, die sich zwar formal als Besatzungsmacht verabschiedet hatte, aber letztlich doch noch das Sagen hatte. So forderte sie angesichts der wachsenden Spannungen im Kalten Krieg – in Korea tobte seit 1950 ein heißer Krieg – von der DDR und ihren Verbündeten eine Erhöhung der »Verteidigungsanstrengungen«. Das führte zur dramatischen Kürzung von Sozialleistungen und zur Anhebung von Arbeitsnormen. Diese ursächlich von Moskau verantwortete Staatskrise in der DDR entlud sich in gewaltsamen Protesten am 17. Juni 1953. Und folgerichtig wurde sie auch von der Sowjetunion durch die Verhängung des Ausnahmezustandes behoben. In Berlin rollten sowjetische Panzer.

Politisch wurde von der DDR-Führung durch eine Reihe von Maßnahmen (»Neuer Kurs«) gegengesteuert. Auch wenn es sich weder um einen »konterrevolutionären Putschversuch« noch um einen »Volksaufstand« gehandelt hatte, so zeigte sich doch, dass dieser Staat weder politisch stabil war noch die Mehrheit der Bevölkerung auf seiner Seite hatte. Und dass dies so blieb, war ganz im Interesse des Westens, dem die Entwicklung nicht passte. Die Bundesrepublik wie auch ihre westlichen Verbündeten wollten diesen Staat, den sie weder respektierten noch anerkannten, einfach weghaben. Die DDR steckte ihnen wie eine Gräte im Halse allein dadurch, dass sie ein Gegenentwurf zu ihrem imperialistischen Gesellschaftsmodell war.[11]

Schon 1919 hatte Lenin prophezeit: »Die Arbeitsproduktivität ist in letzter Instanz das Allerwichtigste, das Ausschlaggebende für den Sieg der neuen Gesellschaftsordnung. Der Kapitalismus hat eine Arbeitsproduktivität geschaffen, wie sie unter dem Feudalismus unbekannt war. Der Kapitalismus kann endgültig besiegt werden und wird dadurch endgültig besiegt werden, dass der Sozialismus eine neue, weit höhere Arbeitsproduktivität schafft. Das ist ein sehr schwieriges und sehr langwieriges Werk.«[12] Doch wie sollte diese höhere Arbeitsproduktivität erreicht werden, wenn der Gürtel enger geschnallt werden musste, weil Reparationen gezahlt und Gelder in den Aufbau einer Armee gesteckt wurden? Das wiederum war nötig, um den Frieden zu sichern, indem man Wirtschaftsembargo und Geheimdienstangriffe abwehrte. Die Richtung hatte Winston Churchill bereits am 5. März 1946 in Fulton/USA vorgegeben: »Von Stettin an der Ostsee bis Triest an der Adria hat sich ein Eiserner Vorhang auf Europa herabgesenkt. Dahinter liegen all die Hauptstädte der alten Staaten Mittel- und Osteuropas. Warschau, Berlin, Prag, Wien, Budapest, Belgrad, Bukarest und Sofia. Diese berühmten Städte und die Bevölkerung ringsum liegen alle im sowjetischen Wirkungskreis, so muss ich es nennen, und unterliegen, auf die eine oder andere Weise, nicht bloß sowjetischem Einfluss, sondern zu einem sehr hohen und in einigen Fällen zunehmendem Maße der Lenkung durch Moskau.«[13] Womit die Parole der »Befreiung« ausgegeben war.

Sie bestimmte fortan auch die antisowjetische, antikommunistische Propaganda, die Teil des Kalten Krieges war. Einer ihrer »Lautsprecher« war der Rundfunk im amerikanischen Sektor Berlins, kurz RIAS genannt. Er wurde von der United States Information Agency (USIA) betrieben, seit September 1946 lieferte er »ein prinzipiell antikommunistisches Informationsprogramm auf hohem Niveau«[14], wie Karl Wilhelm Fricke 2005 befand.

Egon Bahr war 1953 Chefredakteur des RIAS und räumte später wiederholt ein, dass der RIAS »natürlich ein Sender des Kalten Krieges« war.[15]

Und dieser manipulierte, lancierte Meinungen, verbreitete Falschmeldungen. Dazu unterhielt er in der DDR ein Netz von Informanten, die über politische Vorgänge, ökonomische Probleme, militärische Bewegungen sowie Stimmungen berichteten. Daraus webten die Schöneberger Radiomacher ein wirkungsvolles Programm für die Menschen in der DDR. Interna, die den Sender auf diesem Wege erreichten, wanderten zum US-Geheimdienst CIC[16].

Die DDR und die Sowjetunion reagierten entsprechend rigide. In den frühen 50er Jahren wurden Prozesse inszeniert, die sich auf die alliierte Kontrollrats-Direktive Nr. 38 beriefen.[17] Das Ergebnis waren drastische Urteile – bis hin zu Todesurteilen. »Heute ist klar: (Die Prozesse waren) im erhitzten Klima des frisch entfachten Kalten Kriegs tatsächlich außer Kontrolle geraten – und mit ihm das Strafmaß.«[18]

So 2016 *Spiegel online* – allerdings nicht über die damals in der DDR und in der Sowjetunion gefällten Urteile. Es ging um den Tod von Ethel und Julius Rosenberg, die 1953 in den USA wegen Atomspionage für die Sowjetunion auf dem elektrischen Stuhl starben.

Horst Hesse war Zeuge dieser Vorgänge, er hat sie bewusst wahrgenommen und daraus für sich Schlüsse gezogen. Er war kein Mitläufer, sondern wurde ein aktiv und bewusst Handelnder.

In der Hauptstadt der Spione

Die Vier-Mächte-Stadt Berlin galt als Tummelplatz für Geheimdienstler, die »ewige Stadt der Spione«, wie sie John le Carré nannte. Die Stadt, geteilt nur durch Sektorengrenzen, bot optimale Arbeitsbedingungen. Die »Quellenlage« war hervorragend, dubiose Nachrichtenhändler aller Couleur boten heiße Ware feil, es wurde gekidnappt und verschleppt, schummrige Bars und Kneipen zwischen den Ruinen waren ideale Marktplätze, und wenn's brenzlig wurde, konnte man schnell ab- und im anderen Sektor wieder auftauchen. Jeder Geheimdienst, der auf sich hielt, war an der Spree präsent, selbst die US-Marine unterhielt eine Residentur ihres Nachrichtendienstes Naval Intelligence Group (NIC).

Seinem Ruf als »Hauptstadt der Spione« wurde Berlin einmal mehr im April 1956 gerecht. Die sowjetische Aufklärung hatte dank ihrer Quellen im Westen einen 450 Meter langen Tunnel entdeckt, den die US-amerikanischen und britischen Besatzungsmächte vom Westberliner Stadtteil Rudow aus ins DDR-Territorium getrieben hatten. Von diesem aus sollten drei Fernmeldekabel angezapft werden, über die ein Teil des Telefon- und Fernschreibverkehrs der sowjetischen Streitkräfte lief. Im März 1954 hatten die Dienste im Schönebergweg 11 ein Grundstück erworben, das rund 150 Meter von der Grenze entfernt lag. Als Legende für die dann folgende umfangreiche Bautätigkeit wurde das Gerücht gestreut, dass eine Radarstation errichtet würde. Das klang plausibel, denn unweit davon lag der Flugplatz Schönefeld, der von den Sowjets genutzt wurde.

Im Laufe eines Jahres hob man 3000 Tonnen Erde aus und verbaute 125 Tonnen Stahl. Am 2. August 1955 schließlich wurden die drei Fernkabel, die insgesamt 184 Fernsprechverbindungen – darunter 93 öffentliche und 39 sowjetische – fassten, angezapft. Hinzu kamen 52 Sonder- und 89 Telegrafenleitungen, die abgehört werden konnten.

Jedoch: Moskaus Auslandsnachrichtendienst war seit Anfang 1954 im Bilde. Der Doppelagent George Blake hatte über die Tunnelbaupläne von CIA und SIS (besser bekannt als MI6) informiert. Um ihn aber nicht zu gefährden, beschloss die sowjetische Seite, erst einmal nichts zu tun. Auch die DDR wurde, was nicht unüblich war, nicht informiert. Deren Auslandsaufklärung glaubte bis zum 22. April 1956 die Legende von der Radarstation. An jenem Tag im April – es war Lenins 86. Geburtstag – wurde der Abhörtunnel »zufällig« entdeckt: Ergiebige, langanhaltende Regenfälle hatten dem maroden Telefon-

George Blake (mit Bart) informierte über den Tunnelbau

netz im Osten Berlins mächtig zugesetzt. Es mussten Reparaturtrupps des Fernmeldeamtes ausrücken, um die Leitungen instandzusetzen. Was die Monteure in Altglienicke fanden, konnten sie kaum fassen. Erst allmählich wurden ihnen das ganze Ausmaß und die Tragweite ihrer Entdeckung bewusst: Sie waren auf einen geheimen Tunnel gestoßen, durch den die US- und britischen Geheimdienste über elf Monate und elf Tage lang einen großen Teil der Kommunikation der Sowjetarmee mithören konnten.

Daraufhin rollte in der DDR eine riesige Medienwelle an: Journalisten aus aller Welt wurden zu Pressekonferenzen zum Fundort gebeten. Das *Neue Deutschland* berichtete ausführlich:

»In einer langen Wagenkolonne ging die Fahrt über Schöneweide, Adlershof nach Altglienicke auf die südöstliche Ausfallstraße der deutschen Haupt-

Der Tunnel in Altglienicke

stadt, die Schönefelder Chaussee. Parallel mit der Chaussee läuft in etwa 300 Metern Entfernung die Grenze zwischen dem demokratischen Teil Berlins und dem amerikanischen Sektor. In dieser wenig bebauten Gegend hatte amerikanisches Militär vor einiger Zeit eine sogenannte Radarstation erbaut, über deren Zweck von der Bevölkerung viel herumgerätselt wurde. Jetzt ist das Rätsel gelöst. […]

Als am Sonntagmorgen die Schönefelder Chaussee für den Verkehr gesperrt und mit dem Ausgraben der weiträumigen unterirdischen Anlage begonnen wurde, waren die dort ansässigen Bewohner sehr überrascht. Sie stellten die Frage, was in dieser so friedlichen Gegend vermutet würde. Die Ausgrabungen begannen in unmittelbarer Nähe des städtischen Friedhofs Altglienicke, an dessen Mauer entlang der Stollen verläuft. […]

Offenkundig hatten die Amerikaner angenommen, dass ihre mit außerordentlichem technischen Aufwand angelegte und gesicherte Abhörzentrale nicht entdeckt würde. Als die Aufräumungstrupps sich den Weg in die Anlage frei gemacht hatten, brannte noch das Licht, arbeiteten die Maschinen und Geräte. Der unterirdische Stollen verläuft in schnurgerader Richtung von der sogenannten Radarstation zur Schönefelder Chaussee. Etwa 20 Meter vor der Chaussee verbreitert sich der Stollen zu einem U-Boot-ähnlichen Körper, in dem das technische Gehirn der Anlage, die Verstärkerstation, untergebracht ist. Von dort aus gelangt man durch eine dicke Stahltür, wie sie von Luftschutzbunkern her bekannt sind, in den Vorraum, der wie der Stollen etwa fünf Meter tief liegt, von dem aus ein Kabelschacht zu den metertief liegenden Kabeln hinaufführt.

Die Amerikaner hatten alle erdenklichen Sicherheitsmaßnahmen getroffen, um das Entdecken der Station zu verhindern. Der Kabelschacht wurde nach außen durch eine dicke schalldämpfende Masse englischen Ursprungs gesichert. Hinter dieser Masse, die säckeweise im Vorraum gelagert wurde, befand sich noch eine starke Watteschicht. Ehe die Trupps den Weg in das Innere der Station fanden, wurde diese Masse eimerweise zutage gefördert. Zusätzlich war die Anlage durch ein Horchgerät geschützt, das jedes von außen kommende Geräusch nach innen signalisierte. Dennoch waren die Amerikaner sehr überrascht. In großer Eile zogen sie sich durch den Stollen in die Radarstation zurück. Von dort aus wurden die Ausgrabungsarbeiten durch Scherenfernrohre aufgeregt verfolgt.

Das technische Gehirn der Abhörzentrale gleicht einem modernen Postamt. In langen mannshohen Gestellen – der ganze Stollen ist durchweg 1,90 Meter hoch – stehen Verstärker neben Verstärker, auf die die einzelnen Aderpaare der Telefonleitungen geschaltet wurden. Von dort wurden die abgehörten Gespräche über Kabel in die sogenannte Radarstation weitervermittelt. Kontrollmagnetofone, Messgeräte und andere technische Einrichtungen vervollständigen die Anlage. Der Raum wird durch Neonlicht taghell beleuchtet. Eine Frischluftanlage sorgt für die Reinigung der Luft. Überall sind Ventilatoren angebracht. Auf dem Tisch lag ein Staubsauger, mit dem die Station gereinigt wurde.

Alle Geräte sind amerikanischen oder englischen Ursprungs. [...] Die Amerikaner haben beim Bau dieser unterirdischen Station nicht mit finanziellen Mitteln gespart. Die ganze technische Anlage ist außerordentlich stabil gebaut und für Jahre hinaus eingerichtet. Der Stahlmantel des Stollens wurde besonders gegen Feuchtigkeit isoliert.

Die in- und ausländischen Journalisten waren, als sie in Altglienicke eintrafen, von dem Ausmaß der unterirdischen Anlage überrascht. Obwohl auf der Pressekonferenz von Oberst Kozjuba der Sachverhalt eingehend dargelegt worden war, hatten sie sich ein solches raffiniertes Abhörsystem des amerikanischen Geheimdienstes nicht vorstellen können.

[…] Die Eisentüren zu dem Verstärkerraum sind mit gefälschten Aufschriften in russischer und deutscher Sprache versehen: Eintritt verboten auf Befehl des kommandierenden Generals. An der Stelle, wo der Tunnel etwa 300 Meter von der Anzapfstelle entfernt in den amerikanischen Sektor hinüberführt, ist eine provisorische Sperre aus Sandsäcken angebracht und ein Schild in schlechtem Deutsch: Hier beginnt die amerikanischen Sektor. Die Beleuchtung im Tunnel wird vom amerikanischen Sektor her gespeist.«[19]

Der amtierende Stabschef der sowjetischen Streitkräfte in Deutschland, Generalmajor I.L. Zarenko, protestierte beim Stabschef der amerikanischen Truppen in Europa und forderte die Bestrafung der Verantwortlichen. Zu diesem Zwecke sollte eine gemischte sowjetisch-amerikanische Kommission durch gründliche Untersuchungen den Fall aufklären. Dieser Vorschlag zeitigte, wie das *ND* schrieb, »bedauerlicherweise keine positiven Ergebnisse«[20].

Während der Osten laut die Propagandatrommel rührte, tat der Westen das, was in solchen Fällen gewöhnlich getan wird: Man hüllte sich in Schweigen – und wertete die Informationen aus, die in den vergangenen elf Monaten gewonnen worden waren.

Diese kamen aus verschiedenen Bereichen. Der Westen war davon überzeugt, erstmals einen akustischen Einblick in das Innenleben der sowjetischen Streitkräfte – Strukturen, Ausbildungsstand, Stimmung – entdeckt zu haben. Doch auch wenn das Fazit zutraf – die in der DDR stationierten sowjetischen Einheiten waren weder willens noch in der Lage, erfolgreich gegen den Westen zu marschieren –, so war das meiste, was die Geheimdienste gehört hatten, getürkt.

*

Nach seiner Entlassung aus dem Grenzpolizeidienst, die 1951 erfolgt war, fand Horst Hesse ein unfrankiertes Kuvert in seinem Briefkasten. Der Brief musste also per Boten überbracht worden sein, denn ohne Porto tat die Post bekanntlich nichts. Wie sich herausstellte, war der Absender ein ehemaliger Nachbar, der sich nach Berlin-Schöneberg – das lag im amerikanischen Sektor – abgesetzt hatte. Dieser Rudolf (Rudi) Voigt wohnte in der Winterfeldtstraße 2 und schrieb seinem Ex-Nachbarn, dass es ihm gutgehe im Westen, er oft an ihn denke und ihn gern einmal wiedersehen würde. Ob er nicht Lust habe, ihn zu besuchen?

Diese Sehnsucht verblüffte Horst Hesse, denn mit Voigt war er nie privatim gewesen, das war ein Nachbar wie jeder andere auch. Warum also diese Einladung?

Hesse kam das Ganze recht merkwürdig vor.

Mit Recht. Wie sich herausstellen sollte, hatten die US-Geheimdienste die Aktion eingefädelt. Voigt stand auf deren »Payroll«. Der hatte sie auf – den möglicherweise aufgrund seiner Entlassung aus dem Polizeidienst frustierten – Horst Hesse aufmerksam gemacht. Getippt, wie man in dieser Branche sagte. Hesses Magdeburger Wohnung befand sich in der

Nähe des Güterbahnhofs, auf dem oft sowjetische Militärtransporte zusammengestellt wurden. Und in der Stadt selbst lagen die Kommandantur der 3. Sturm-Armee der sowjetischen Streitkräfte, motorisierte Regimenter, Nachschubbasen, Treibstoff- und Munitionslager, Lazarette und viele andere Einrichtungen mehr.

Das allgemeine Geheimdienst-Interesse wurde durch die Paranoia verstärkt, dass aus dem Magdeburger Raum eine »Nordgruppe« – bestehend aus der 3. Sturm-Armee und der 2. mechanisierten Garde-Armee – den ersten Stoß gegen die britischen und US-Streitkräfte in Norddeutschland am »X-Day« führen werde. »Ist dies schon Tollheit, hat es doch Methode«[21], wusste schon Shakespeare.

Die Tollheit war ein rasender Antikommunismus, zu deren aktuellen Wortführern US-Senator Joseph (»Joe«) McCarthy (1908–1957) gehörte. Er vergiftete mit antikommunistischen Verschwörungstheorien und Denunziationen das gesellschaftliche Klima nicht nur der USA. Sein Credo lautete: »Wir befinden uns bereits seit einiger Zeit im Krieg mit Russland, und Russland ist dabei, diesen Krieg schneller zu gewinnen, [...] so dass wir dabei sind, diesen zu verlieren.«[22]

Die US-Nachrichtendienste, derart motiviert, wollten und sollten natürlich verhindern, dass »wir« – also die »freie Welt« – diesen Krieg verlieren. Der Nachrichtendienst der US Army, die Military Intelligence Division (MID), war diesbezüglich sowohl im In- als auch im Ausland aktiv. Sie schützte Militäreinrichtungen und deren Personal vor Spionage, Sabotage und Subversion, beschaffte Informationen für das Verteidigungsministerium und die Armeeführung und stöberte vermeintliche Mitglieder und Anhänger der Kommunistischen Partei der USA auf. Grundlage dafür bot der »Hatch Act« von 1939, der auf eine Anordnung von Präsident Thomas Jefferson aus dem Jahr 1801 zurückging. Mitarbeitern von Bundes-, regionalen und lokalen Behörden wurde damit eine politische Betätigung untersagt. Diese Verordnung verbot Beamten jedwede politische Betätigung in »any political organization which advocates the overthrow of our constitutional form of government«[23].

Der Ex-Magdeburger Rudolf Voigt stand im Dienst ebenjener MID. Hesse beschrieb ihn in einem Interview später als notorisch arbeitsscheu und in allerlei Schiebergeschäfte verwickelt. Dass in jenem Interview auch zu lesen war, Hesse hätte die Einladung Voigts per Einschreiben erhalten, dürfte eher ein Produkt journalistischer Fantasie gewesen sein. Geheimdienstler nutzen für solche Botschaften andere Wege als die der Post. Und ein eingeschriebener Brief ohne Marke? Das war schon technisch unmöglich.

In den 50er Jahren, faktisch bis zum Mauerbau 1961, war es üblich, dass alte Kontakte sogenannter Zonenflüchtlinge genutzt wurden, um Informanten in der DDR zu werben. Dabei gingen die Nachrichtendienste in den Aufnahmelagern systematisch vor, indem sie die Neuankömmlinge auch mit dieser Absicht befragten.

Von ihnen genannte Personen wurden – meist von ihnen selbst – mit Geld und guten Worten gelockt und veranlasst, Ohren und Augen offenzuhalten, militärische Bewegungen, vor allem der sowjetischen Streitkräfte, zu melden und weitere Unzufriedene zu »tippen«, die bei der Nachrichtensammlung nützlich werden könnten.

Zu potenziellen »Agenten« kam man in der Regel auf zwei Wegen. Eine Methode war die briefliche Einladung. Das war insofern riskant, dass auf beiden Seiten der Grenze die Post kontrolliert wurde. Auf dem »normalen« Postweg konnten potenzielle »Spione« darum schon auffliegen, bevor sie aktiv werden konnten. Also überbrachte man einen Brief – wie bei Hesse praktiziert – per Boten.

Der andere Weg führte über die Telegrafenämter. Das Besatzungsrecht – die Souveränität auch der Bundesrepublik war diesbezüglich eingeschränkt – erlaubte den Zugriff auf die Fernschreibrollen, die Mater des Telegramms. So erfuhr man etwa aus Ankündigungen eines Verwandtenbesuches oder dergleichen, wann welcher Bürger aus der DDR im Bundesgebiet sein würde. Schien diese Personen nachrichtendienstlich interessant, wurde sie angesprochen. Erst sanft, unverbindlich, zufällig und harmlos, ohne sich erkennen zu geben. Später, wenn die Chancen gut standen und man sich seiner Sache sicher war, ließ man die Katze aus dem Sack. Sofern dies der Spionageabwehr in der DDR bekannt wurde, verhängten DDR-Gerichte oft drakonische Strafen. In der Hochzeit des Kalten Krieges, in der es um die Existenz der DDR ging, verstanden die zuständigen Behörden keinen Spaß.

Am 27. April 1955 offenbarte ein junger Mann namens Lutz König im *Neuen Deutschland,* dass er von einem amerikanischen Geheimdienst im fränkischen Würzburg und vom Nordwestdeutschen Rundfunk zum Spion gemacht worden sei. Auf der Suche nach einem gut bezahlten Job, der ihm vom Sender versprochen worden war, hatte er sich mit siebzehn Jahren auf den Weg nach Würzburg gemacht, wo er in einem kirchlichen Hospiz unterkam. Von dort wurde er zu einer US-Dienststelle weitergeleitet. Dort sei er über Einheiten der Volkspolizei und Funktionäre der SED befragt worden. Danach sei er unter einem Decknamen verpflichtet worden. Er habe irgendwann begriffen, dass er einen Fehler begangen habe, und wolle nun versuchen, seine Verfehlung durch gute Arbeit wettzumachen.[24]

Der lebenserfahrene Genosse Hesse war weniger naiv und fuhr nicht nach Westberlin, um hinterher seinen Fehltritt öffentlich zu bereuen. Er ging mit Voigts Brief gleich zur Volkspolizei. Und diese Dienststelle vermittelte ihn zuständigkeitshalber gleich an das MfS.

Die Genossen dort werden es ihm vermutlich nicht gleich, aber gewiss später gesagt haben, dass Voigt für sie kein unbeschriebenes Blatt war. Er sei, wie sie Horst Hesse erklärten, Resident der MID in Westberlin und beauftragt, Agenten in der DDR anzuwerben und zu führen. Die Magdeburger Geheimen fragten Horst Hesse, ob er bereit sei, ihnen als »Geheimer Mitarbeiter« (GM) zu helfen. Das war er. Ohne zu zögern, wie er später betonte. Noch am gleichen Tag habe er als »Jürgen« die Verpflichtungserklärung handschriftlich aufgesetzt und unterschrieben.

So begann die Zusammenarbeit zwischen der Abteilung II des MfS und dem Dispatcher im Schwermaschinenbau »Ernst Thälmann«.

Hesses Auftrag bestand darin, »die Verbindung mit Westberlin [...] herzustellen und weiter aufrechtzuerhalten. [...] Damit soll festgestellt werden, mit welchen Mitteln und Personen gegen die DDR eine feindselige Tätigkeit durchgeführt wird.«

Und weiter hieß es: »Eindringen der Informatoren in die Spionageorgane, Schulen und Zentren von Spionage- und Diversionsorganisationen zwecks Aufdeckung der Pläne und Absichten des Feindes.«[25]

Die MfS-Zentrale in der Berliner Normannenstraße

Es wird häufig vorwurfsvoll angemerkt, dass es leichtsinnig, ja sogar grob fahrlässig gewesen sei, einen Amateur wie Horst Hesse, der keinerlei nachrichtendienstliche Ausbildung absolviert hatte, in die Höhle des Löwen zu schicken.

Doch scheinbar war Horst Hesse nicht nur ein guter Feinmechaniker, sondern auch als Geheimdienstler ein Naturtalent. Der weitere Verlauf der Geschichte gab den Entscheidern in der Magdeburger Bezirksverwaltung des MfS in der Walther-Rathenau-Straße recht. Und das, obgleich sie selbst noch nicht lange dabei waren. Aber vielleicht gab das gerade den Ausschlag dafür, dass sie etwas riskierten.

Die BV wurde damals von Reinhold Knoppe geleitet, Jahrgang 1908. Als Kommunist emigrierte er mit 25 Jahren in die Tschechoslowakei, von 1937 bis 1939 kämpfte er in den Interbrigaden im Spanischen Bürgerkrieg. Die Franzosen internierten Knoppe und lieferten ihn 1941 an das faschistische Deutschland aus. Die Nazis steckten ihn ins KZ Sachsenhausen. Im Mai 1945 wurde er befreit, machte sich auf den Weg nach Berlin, im Juli wurde er Volkspolizist. 1953 wurde er Chef der Bezirksverwaltung Magdeburg des MfS.

Exkurs: die Spionageabwehr des MfS

1953 wurde die Hauptabteilung II (HA II) im Staatssekretariat für Staatssicherheit gebildet. Bekanntlich war nach dem 17. Juni das Ministerium zum

Staatssekretariat gemacht worden, 1955 wurde diese Entscheidung jedoch wieder revidiert. Gemäß der Verwaltungsreform 1952, als aus den fünf Ländern der DDR fünfzehn zentral geführte Bezirke wurden, entstanden auch Bezirksverwaltungen und Kreisdienststellen.

Die »Linie II«, wie die innere und äußere Spionageabwehr intern hieß, war in allen Einrichtungen präsent. Ihr Auftrag bestand in der Aufdeckung und Abwehr geheimdienstlicher Angriffe auf die DDR. Und zwar auf allen Feldern: dem der Politik, der Wirtschaft und des Militärs. Und da die Angriffe in der Regel außerhalb des DDR-Territoriums geplant und geführt wurden, schloss die Abwehr zwangsläufig eine Tätigkeit auch jenseits der Staatsgrenze mit ein. »Durchführung einer aktiven Spionageabwehr in Westdeutschland und Westberlin sowie auf dem Territorium der Deutschen Demokratischen Republik«, hieß das im Beschluss des Politbüros vom 23. September 1953.

Die HA II (in den Kreisdienststellen »Abteilung II«) war von Bruno Beater und Josef Kiefel gebildet und geprägt worden, zwei Kommunisten, die schon in den 30er Jahren politisch aktiv waren.

Josef Kiefel, ein Bayer vom Jahrgang 1909, emigrierte 1931 in die Sowjetunion und ging 1942 zur Roten Armee. Er kämpfte bis Kriegsende als Partisan. Oberst Kiefel wurde der erste Leiter der Hauptabteilung II. Bei den Auseinandersetzungen am 17. Juni 1953 erlitt er schwere Kopfverletzungen, die ihn Zeit seines Lebens behinderten. Sie waren auch ursächlich dafür, dass er 1960 die Leitung der Spionageabwehr abgab.

Der zweite wichtige Mann in der HA II war Bruno Beater, Jahrgang 1914, gelernter Zimmermann. Er lief 1944 als Feldwebel der Wehrmacht zur Roten Armee über. Er baute das Sicherheitsorgan der DDR mit auf und wurde 1955 Stellvertreter des Ministers, zuständig auch für die Hauptabteilung II.

Beide, Kiefel und Beater, waren maßgebend für die Planung der Aktion »Schlag«, in der Horst Hesse die Schlüsselrolle spielen sollte.

Der erste Auftrag

Horst Hesses Auftrag war klar definiert: Finde heraus, wer Voigts Auftraggeber ist und welche Ziele dieser verfolgt. Der Magdeburger »Amateuragent« leistete also der Einladung Folge und fuhr nach Berlin-Schöneberg. Rudolf Voigt wohnte in der ersten Etage eines Mietshauses in der Winterfeldtstraße. Hesse klingelte bei »Schnieders«. Margot sei seine Lebensgefährtin, hatte ihn Voigt wissen lassen. Es handelte sich um die Tochter eines vormaligen Magdeburger Hoteliers, der abgehauen war.

Margot Schnieders und Rudolf Voigt wohnten zur Untermiete bei Anni Kohl, einer Kriegerwitwe. Auch in Westberlin waren zehn Jahre nach dem Krieg Wohnungen noch immer knapp.

Es ist früher Nachmittag, als Hesse auf die Klingel drückt. Eine Frau öffnet, er nennt seinen Namen. Sie weiß sofort Bescheid.

»Kommen Sie rein«, ruft sie, »Rudi erwartet Sie schon.«

Rudi umarmt den Besucher aus Magdeburg, der alten Heimat, als sei der »verlorene Sohn« heimgekehrt. Fragt sich, wer hier »verloren gegangen« war. Das Wiedersehen ist übertrieben freundlich, die Herzlichkeit gut gespielt. Man trinkt, man isst, man scherzt miteinander, und bald ist man beim vertraulichen »Du«. Mit dem Alkoholpegel fallen auch alle Schranken, Voigt steuert den Zweck der Zusammenkunft zielstrebig und ohne Umweg an. Und Hesse, gut vorbereitet, lässt sich darauf ein. Nach Mitternacht unterschreibt GM »Jürgen« eine Verpflichtungserklärung für den US-Geheimdienst, sein Deckname bei der MID heißt »Luchs«.

»Jürgen« alias »Luchs« ist nun im Geschäft. Und Voigt sichtlich zufrieden, dass es so rasch ging. Horst Hesse wird später berichten, dass die Trefferquote bei solchen Anwerbungsgesprächen vergleichsweise gering war. Monatlich unternahm die MID-Dienststelle in Würzburg ungefähr 150 Anwerbungsversuche, zehn waren erfolgreich, Trefferquote also unter sieben Prozent. Und damit war noch nicht einmal sicher, dass die, die man einfing – freiwillig oder erpresst – auch erfolgreich spionieren würden.

Am nächsten Tag, als müsse er den geschlossenen Pakt bekräftigen, indem er zeigt, was der »freie Westen« so zu bieten hat, zieht Voigt mit Hesse um die Häuser. Dem Schaufensterbummel über den Ku'damm folgt eine opulentes Essen. Voigt stellt Horst Hesse einen möglichen Zusatzverdienst von bis zu 1000 Ost-Mark in Aussicht. Das ist der doppelte durchschnittliche Monatsverdienst eines Arbeiters oder Angestellten, also ausgesprochen viel Geld. Später gefragt, ob er bei diesem ganzen Unternehmen nicht Angst gehabt habe, sagte Horst Hesse: »Um aufrichtig zu sein: Ich bin nicht der Typ des Draufgängers, ich empfinde – wie jeder andere – Aufregung, Herzklopfen, Furcht, Angst.« Doch er kannte die Gefahren, wusste, warum er den Auftrag übernommen hatte und dass er nicht allein dastand. »Daraus,« so Hesse weiter, »erwuchs mir die notwendige Selbstbeherrschung und auch das, was man gemeinhin Mut nennt.«

Fortan reist er wiederholt nach Westberlin und lernt funken, berichten, schreiben mit unsichtbarer Tinte, Verhaltensregeln, Erkennungsdienst und so weiter – das kleine Einmaleins der Spionage eben. Auch sowjetische Waffen – Panzer, Transporter, Lafetten – muss Horst kennen, denn sein Beobachtungsgegenstand ist die Rote Armee. Seine Magdeburger Wohnung prädestiniert ihn dazu, denn er wohnt, wie schon erwähnt, in der Nähe eines Verladebahnhofs, von dem Truppentransporte der Sowjets abgewickelt werden.

Die ersten Aufträge aus Westberlin kommen zunächst als Bitte daher: Welche Truppenbewegungen kannst du auf dem gegenüberliegenden Güterbahnhof beobachten: Fahrzeuge, Waffen, Mannschaft? Wie ist die Stimmung in deinem Betrieb? Welche Engpässe gibt es? Wer kommt als Ansprechpartner infrage?

Dafür wird eine Aufwandsentschädigung vereinbart, wie der Agentenlohn vornehm genannt wird.

Einen Teil davon steckt sich Voigt in die eigene Tasche. Horst Hesse weiß das, redet aber nicht darüber. Das Geld langt trotzdem, um das so dringend benötigte Zahngold zu kaufen, um sein Gebiss sanieren zu lassen.

»Luchs« liefert zuverlässig nach Westberlin. Allerdings bespricht sich »Jürgen« zuvor stets mit den Mitarbeitern der Magdeburger Linie II. Die steuern »Spielinformationen« bei. Hesse macht Fotos. Er baut in einer Mansarde seiner Wohnung einen Kameraposten, von dem aus er den Güterbahnhof gegenüber gut einsehen kann. Diese Fotos legt er den Genossen in der Walther-Rathenau-Straße vor. Die geben sie für den Export nach Westberlin frei – nur das Datum der Aufnahmen muss er ändern.

Horst Hesse ist inzwischen Instrukteur der Gesellschaft für Sport und Technik (GST). Die im August 1952 gegründete Organisation bietet Heimat für technisch und sportlich interessierte Jugendliche, sie stellt Motorräder, Segelflugzeuge, Funkgeräte, Luftgewehre etc. zur Verfügung. Damit tragen sie militärisch-technische Wettkämpfe aus. Der Hintergrund ist klar: Natürlich geht es um eine sinnvolle Freizeitgestaltung, aber eben auch um eine vormilitärische Ausbildung. Die Freie Deutsche Jugend (FDJ) hat 1952 auf ihrem IV. Parlament in Leipzig symbolisch die Patenschaft über die bewaffneten Organe übernommen, gemeint ist damit die Kasernierte Volkspolizei (KVP). Die benötigt junge Männer.

Für seine neue Funktion wird Horst Hesse von der Schichtarbeit im VEB Maschinenbau freigestellt,

Hesses Kleinbildkamera-Modell, finanziert von der MID

womit er häufiger nach Westberlin reisen kann. Als Voigt von seiner Tätigkeit bei der GST erfährt, ist der, wie Horst Hesse später erzählte, ganz aus dem Häuschen. Schließlich ist Hesse damit im militärischen Bereich der DDR angekommen. Zwar nur an der Peripherie, aber immerhin. Voigt drückt »Luchs« Geld in die Hand, damit er sich eine anständige Kamera kauft. Die macht Kleinbildaufnahmen, 24 Millimeter, und wird überdies bei Zeiss-Ikon in Dresden hergestellt. Das entzückt wiederum die Magdeburger Genossen. Sie machen mit dieser Kamera Bilder, die »Jürgen« an seinen Kontaktpartner im Westen Berlins liefert.

Trotz dieser professionellen »Unterstützung« frisst der Freizeitjob »Spion« viel Zeit. Voigt erwartet »Luchs« alle zwei Wochen zum Rapport. Und jedes Mal muss Horst liefern. Das geht auf Kosten seiner Freizeit und der Familie. Auch in der Walther-Rathenau-Straße müssen die Mitarbeiter der Linie II Überstunden leisten.

Das Resultat: Die Auftraggeber in Westberlin sind mit ihrem Magdeburger Agenten und dessen Informationen sehr zufrieden. Hesse, alias »Luchs«, gilt als zuverlässig und seriös. Er hat schließlich professionelle Helfer im Hintergrund, die ihm regelmäßig Material für die MID aufarbeiten. Das hat, wie Hesse später nicht ohne ein gewisses Vergnügen anmerkte, »die Erkundungspläne des amerikanischen Spionagedienstes gewiss verschiedene Male in ziemliche Verwirrung gestürzt«.

Es dauert nicht lange, bis der Chef der MID-Residentur in Würzburg, Major John C. Walker, auf die Magdeburger Quelle aufmerksam wird. Allerdings hat die Magdeburger Spionageabwehr nichts davon. Schließlich will die nicht bloß liefern – wenn auch frisierte Informationen –, sondern selber etwas erfahren. Da ist das Verhältnis von Geben und Nehmen noch unausgeglichen.

So entsteht im Laufe des Nachrichtenspiels die Idee, GM »Jürgen« in die Military Intelligence Division einzuschleusen, um sie von innen zu zerstören.

Der Sprung ins kalte Wasser

Horst Hesse übernachtet, wenn er »dienstlich« in Westberlin ist, bei seinem neuen »Freund« in der Winterfeldtstraße. Inzwischen genießt er ein solches Vertrauen, dass Voigt ihm sogar den Wohnungsschlüssel überlässt. Das ist wie eine Einladung für die Magdeburger Spionageabwehr.

Damit ist die Frage beantwortet, ob »Luchs« das Vertrauen auch des US-Geheimdienstes besitzt. Natürlich, denn Voigt handelt nicht als Privatperson. Daraus muss etwas gemacht werden, was über die bisherige Nachrichtenabschöpfung hinausgeht, so die Überlegung in Magdeburg. Hesse liefert Informationen über Personen und Verbindungswege des US-Geheimdienstes, doch die Strukturen der MID, ihre Planungen und Operationen gegen die DDR, die in der Zentrale ersonnen und organisiert werden, entziehen sich der Kenntnis der Linie II. Man muss tiefer in die Strukturen der MID eindringen, um deren Spionagetätigkeit in Gänze aufzudecken.

Während Rudolf Voigt und seine Lebensgefährtin sich mit einem anderen Magdeburger Informanten treffen, sollen Mitarbeiter des MfS Relevantes aus der Winterfeldtstraße stehlen.

Der Plan geht auf.

Denn als Hesse am nächsten Morgen in Voigts Wohnung erscheint, ist dieser völlig aufgelöst. »Ich bin ausgeraubt worden«, erklärt er verwirrt und fuchtelt mit einem Dolch. »Alle Papiere sind weg, alle.«

Es ist klar, dass dieser Einbruch weitreichende Folgen haben wird, die Karten werden neu gemischt.

Erstens ist Voigt als Agent »verbrannt«. Im Osten weiß man schon lange von seiner geheimdienstlichen Tätigkeit – was er selbst aber nicht weiß. Er nimmt jedoch an, dass der DDR-Geheimdienst hinter dem Diebstahl steckt, weshalb er Hesse dringend abrät, nach Magdeburg zurückzukehren: »Die nehmen dich hopp, die wissen jetzt alles.«

Zweitens ist Voigt auch bei der MID erledigt, denn wenn seine Identität im Osten bekannt ist, kann er nicht mehr als agentenführender Resident arbeiten. Man muss ihn also abschalten.

Das geschieht auf die in diesen Kreisen übliche Weise: Man lässt ihn umgehend fallen wie eine heiße Kartoffel.

Horst Hesse sieht wenig Anlass, Voigt zu beruhigen und ihm die Sorgen auszureden. Im Gegenteil. Er spielt den Aufgebrachten, Wütenden, Verzweifelten.

»Konntest du Idiot nicht besser aufpassen? Du hast mit deiner Nachlässigkeit mein Leben ruiniert, meine Familie zerstört. Ich kann nicht mehr nach Hause zurück. Was soll ich jetzt nur machen?« Hesse gibt den Kopflosen. »Alles, was ich mir mühsam aufgebaut habe, ist jetzt im Arsch.« Theatralisch geht er Voigt an die Wäsche, um sofort wieder die Hände zurückzuziehen, als fürchte er, sie sich an ihm schmutzig zu machen.

»Ja, ja, ich verstehe. Aber mir geht es auch nicht besser«, seufzt Voigt.

Horst Hesse hat nur ein abfälliges Stöhnen für ihn übrig. »Du kannst bleiben, wo du bist. Niemand wird dich behelligen. Mich aber werden sie jagen. Das macht schon einen Unterschied.«

»Lass uns gemeinsam überlegen«, sagt Voigt.

»Was gibt es da zu überlegen? Ist doch klar, was das für mich bedeutet: Ich muss abhauen. Ich gehe jedenfalls nicht in den Knast.« Und nach einem Moment des Innehaltens: »Kannst du mir helfen?«

»Ja, klar, natürlich.«

»Wie?«

Voigt hebt die Schultern. Seine Zusage war vielleicht ein wenig zu schnell gekommen. Hesse versucht, ihm auf die Sprünge zu helfen. »Kannst du mit Würzburg reden?«

»Wie?«

»Nicht: wie, sondern was! Ob die für mich einen Job haben.«

»Keine Ahnung. Die interessierten sich nur für die von dir gelieferten Informationen.«

»Das fürchte ich auch. Trotzdem. Frag doch einfach mal nach. Ich mach mich jedenfalls dünne.«

Horst Hesse meldet sich ab.

Für seine Kollegen, Nachbarn und Freunde gilt er als Verräter, als Republikflüchtling, der seine Familie im Stich gelassen hat. Für die allerdings hat Hesse vorgesorgt. Sein Führungsoffizier hat ihm versprechen müssen, dass er sich um seine Frau und die drei Kinder kümmern wird. Das tut er auch. Allerdings tut er des Guten ein wenig zu viel, worüber noch zu sprechen sein wird.

Hesses heimlicher Abgang wird begleitet von Verachtung und üblen Nachreden durch die Zurückgebliebenen. Der kollektive Unmut ist sein Nachweis im Westen, dass die Flucht nicht inszeniert ist. Niemand zieht freiwillig so viel Ungemach auf sein Haupt. Der Plan ist gut.

Ziel eins – Resident Rudolf Voigt ausschalten und unschädlich machen – ist erreicht. Ziel zwei – Horst Hesse in der Zentrale der MID in Würzburg zu platzieren – scheint möglich.

Und während ein Willy Deutschewitz, der sich auch »Schade«, »Dewitz« oder »Paul Seifert« nennt, Horst Hesse in Westberlin befragt, bereiten der Ex-MID-Agent Rudolf Voigt und Margot Schnieders die Eröffnung einer unweit der Winterfeldtstraße gelegenen Toto- und Strickerei-Annahmestelle vor – eine erfolgreiche Geheimdienstkarriere sieht anders aus.

Deutschewitz ist ein wichtiger Mann in Würzburg. Er bildet nicht nur die Funkagenten im Osten aus, sondern ist auch von John C. Walker, dem Chef der MID-Residentur in Würzburg, mit der Untersuchung der Berliner Panne beauftragt worden.

Deshalb sucht er den Kontakt zu Hesse. »Jürgen« spielt seine Opferrolle konsequent weiter. Wegen Voigts Nachlässigkeit habe er alles verloren: Familie, Freunde, Heimat. Und er fordert darum die Verantwortung des Dienstes ein. Weil er seine Existenz im Osten wegen seiner Tätigkeit für die MID verlor, müsse der Nachrichtendienst ihm nunmehr eine Existenz im Westen sichern.

Er werde sich darum kümmern, sagt Deutschewitz, und bringt Hesse in einer Pension in der Sächsischen Straße in Wilmersdorf unter.

Diese Pension dient als Versteck, um eine mögliche »Rückführaktion« in die DDR zu verhindern. Nicht nur flüchtige Spione, Diversanten und Deserteure profitieren von der offenen Sektorengrenze. Auch die Sicherheitsorgane der DDR nutzen diesen Umstand und holen gelegentlich Personen zurück. »Kidnapping« gehört zum Geschäft aller Geheimdienste.

Über Hesses »Fahnenflucht« gibt es eine Darstellung, die auf einem Protokoll der HA II vom 11. August 1954 beruht. Darin wird festgestellt, dass »Jürgen« an jenem Tage befehlsgemäß um 4.45 Uhr mit dem D-Zug von Magdeburg nach Berlin gefahren sei. Anschließend habe er in Schöneberg Rudolf Voigt erklärt, dass die Kriminalpolizei bei ihm zu Hause aufgetaucht sei und Erkundigungen über ihn eingeholt habe. Das wäre ihm, Hesse, Warnung und Beweis gewesen, dass man ihn enttarnt habe.

Diese Version erklärt zwar, warum das MfS in Magdeburg das volle Programm abspulte – von der

Wohnungsdurchsuchung bis hin zu Befragungen im privaten und im Arbeitsumfeld. Wie wichtig diese Camouflage für das Gelingen des Ganzen war, sollte Horst Hesse in Würzburg erfahren. Einer seiner unmittelbaren Nachbarn in Magdeburg war ein eifriger Informant des US-Geheimdienstes, der die MID über die MfS-Aktivitäten nach dem Verschwinden Hesses informierte.

Diese Version erklärt allerdings nicht, warum Voigt und Schnieders vom MID fallengelassen wurden. Denn die »Flucht« Hesses aus der DDR nach Westberlin rechtfertigte keineswegs die Abschaltung ihres Residenten durch Würzburg.

Das MfS-Protokoll vom 11. August 1954 über die Flucht Hesses macht jedenfalls deutlich, dass man auch solchen Papieren stets mit Skepsis begegnen sollte. »Jürgens« Darstellung ist logischer und damit überzeugender.

Wie dem auch sei: Nach zwölf Tagen holt ihn Deutschewitz aus der Pension ab. Mit einer US-Maschine geht es von Tempelhof nach Frankfurt am Main, von dort weiter nach Würzburg. Das Auto hält in der Friesstraße, etwa zwei Kilometer von der Alten Mainbrücke im Herzen der fränkischen Universitätsstadt. Die MID-Zentrale im Zentrum von Würzburg ist jedoch allenfalls eine Zwischenstation auf dem Wege ins »Notaufnahmelager« Gießen. Das 1946 eingerichtete Lager dient seit September 1950 als Anlaufstelle für Flüchtlinge aus der DDR. Davon gibt es drei auf dem Territorium der Bundesrepublik. Seit 1993 wird es als Erstaufnahmeeinrichtung für sogenannte Spätaussiedler vornehmlich aus Russland geführt, gegenwärtig finden Flüchtlinge aus Afghanistan, Syrien und dem Irak in Gießen Aufnahme.

Im Lager teilt sich Hesse mit fast zwei Dutzend Personen einen Schlafsaal. Er wird, wie alle Ankömmlinge, intensiv von Mitarbeitern verschiedener Nachrichtendienste befragt. Wie mit einem Schleppnetz fischen die Geheimdienstler nach Informationen aus dem Land hinterm Eisernen Vorhang.

Und er muss, wie alle anderen auch, seine Gründe für die Flucht in den Westen darlegen. Er schildert recht überzeugend, dass er sich in der DDR in einer »besonderen Zwangslage« befunden habe, so dass ihm schließlich der Status des »politischen Flüchtlings« zuerkannt wird. Und er erhält eine neue Identität. Fortan heißt er »Horst Berger«.

Nach dem Ende der DDR beschrieb Horst Hesse in einem privaten Erinnerungsbericht diesen wichtigen Übergang so: »Ein Mitarbeiter der Würzburger MID-Dienststelle kam nach Westberlin, und Voigt musste über den Einbruch und Verlust der Spionageunterlagen berichten. Mich lobte der Mitarbeiter für meine guten Berichte und die hervorragende Arbeit und versprach mir, in Kürze nach Westdeutschland ausgeflogen zu werden, da der Chef mich persönlich kennenlernen wolle.

Mit einer amerikanischen Militärmaschine flog ich von Berlin-Tempelhof nach Frankfurt am Main. Der Chef der Würzburger Dienststelle holte mich mit einem Auto vom Flughafen ab und fuhr mit mir nach Würzburg. Unterwegs wollte er viel von mir

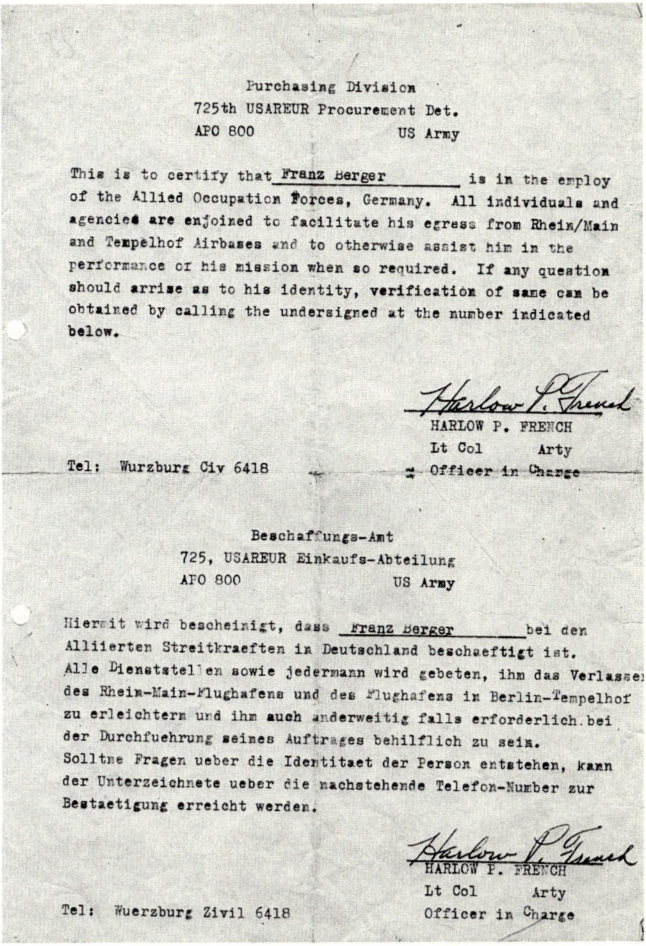

Purchasing Division
725th USAREUR Procurement Det.
APO 800 US Army

This is to certify that Franz Berger is in the employ of the Allied Occupation Forces, Germany. All individuals and agencies are enjoined to facilitate his egress from Rhein/Main and Tempelhof Airbases and to otherwise assist him in the performance of his mission when so required. If any question should arrise as to his identity, verification of same can be obtained by calling the undersigned at the number indicated below.

Harlow P. French
HARLOW P. FRENCH
Lt Col Arty
Tel: Wurzburg Civ 6418 Officer in Charge

Beschaffungs-Amt
725, USAREUR Einkaufs-Abteilung
APO 800 US Army

Hiermit wird bescheinigt, dass Franz Berger bei den Alliierten Streitkraeften in Deutschland beschaeftigt ist. Alle Dienststellen sowie jedermann wird gebeten, ihm das Verlasse[n] des Rhein-Main-Flughafens und des Flughafens in Berlin-Tempelhof zu erleichtern und ihm auch anderweitig falls erforderlich bei der Durchfuehrung seines Auftrages behilflich zu sein. Solltne Fragen ueber die Identitaet der Person entstehen, kann der Unterzeichnete ueber die nachstehende Telefon-Number zur Bestaetigung erreicht werden.

Harlow P. French
HARLOW P. FRENCH
Lt Col Arty
Tel: Wuerzburg Zivil 6418 Officer in Charge

Empfehlungsschreiben der US Army für Hesse alias »Berger«

über Voigt erfahren. (Mein Eindruck: Er traute Voigt nicht.)

In Würzburg, Friesstraße 4, wurde ich von Walker (Chef der Dienststelle) und einer weiteren männlichen Person zur Sache vernommen. Ich bedauerte aufrichtig den zu frühzeitigen Abbruch meiner Tätigkeit durch das leichtfertige Verhalten des Voigt.

Dann erhielt ich den Decknamen Berger, Horst Berger. Auf seinem ersten Papier stand fälschlich Franz.

Walker erkundigte sich nach Bekannten, die eventuell von mir angeworben werden könnten. Ich

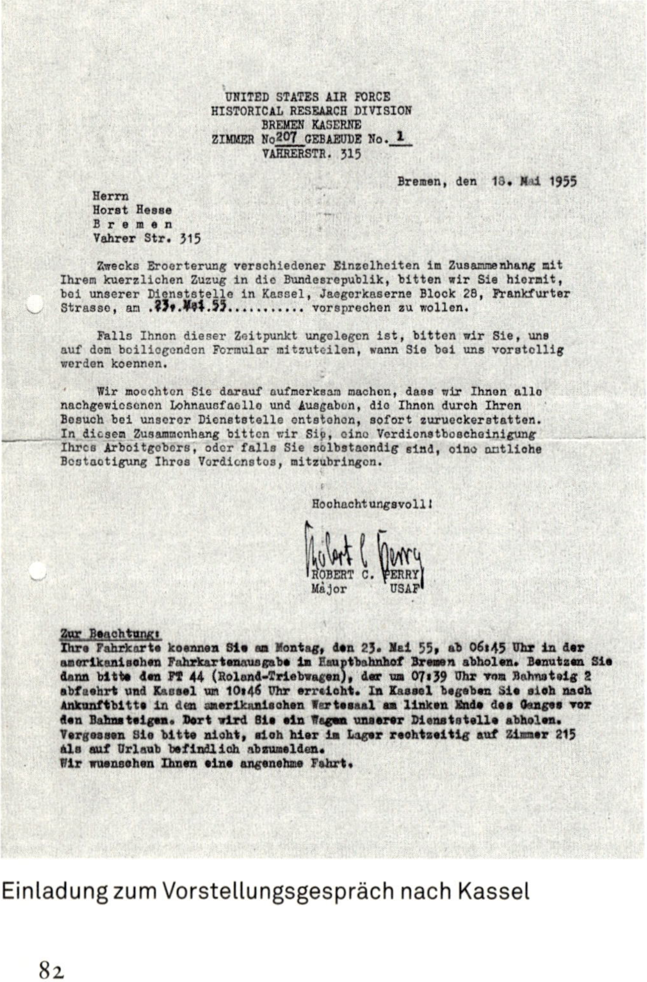

UNITED STATES AIR FORCE
HISTORICAL RESEARCH DIVISION
BREMEN KASERNE
ZIMMER No 207 GEBAEUDE No. 1
VAHRERSTR. 315

Bremen, den 18. Mai 1955

Herrn
Horst Hesse
B r e m e n
Vahrer Str. 315

Zwecks Eroerterung verschiedener Einzelheiten im Zusammenhang mit Ihrem kuerzlichen Zuzug in die Bundesrepublik, bitten wir Sie hiermit, bei unserer Dienststelle in Kassel, Jaegerkaserne Block 28, Frankfurter Strasse, am .23. Mai 55........... vorsprechen zu wollen.

Falls Ihnen dieser Zeitpunkt ungelegen ist, bitten wir Sie, uns auf dem beiliegenden Formular mitzuteilen, wann Sie bei uns vorstellig werden koennen.

Wir moechten Sie darauf aufmerksam machen, dass wir Ihnen alle nachgewiesenen Lohnausfaelle und Ausgaben, die Ihnen durch Ihren Besuch bei unserer Dienststelle entstehen, sofort zurueckerstatten. In diesem Zusammenhang bitten wir Sie, eine Verdienstbescheinigung Ihres Arbeitgebers, oder falls Sie selbstaendig sind, eine amtliche Bestaetigung Ihres Verdienstes, mitzubringen.

Hochachtungsvoll!

Robert C. Perry
ROBERT C. PERRY
Major USAF

Zur Beachtung:
Ihre Fahrkarte koennen Sie am Montag, den 23. Mai 55, ab 06:45 Uhr in der amerikanischen Fahrkartenausgabe im Hauptbahnhof Bremen abholen. Benutzen Sie dann bitte den FT 44 (Roland-Triebwagen), der um 07:39 Uhr vom Bahnsteig 2 abfaehrt und Kassel um 10:46 Uhr erreicht. In Kassel begeben Sie sich nach Ankunft bitte in den amerikanischen Wartesaal am linken Ende des Ganges vor den Bahnsteigen. Dort wird Sie ein Wagen unserer Dienststelle abholen. Vergessen Sie bitte nicht, sich hier im Lager rechtzeitig auf Zimmer 215 als auf Urlaub befindlich abzumelden.
Wir wuenschen Ihnen eine angenehme Fahrt.

Einladung zum Vorstellungsgespräch nach Kassel

nannte Namen, die aber schon für diesen Fall vom MfS festgelegt worden waren. Walker gefiel mein beherrschtes und ruhiges Verhalten, und er hob die Erfolge meiner Agententätigkeit hervor. Er gab mir zu verstehen, dass er mich weiter verwenden wolle, wenn ich bereit wäre, in Westberlin eine Residentur auszubauen. Diesen Vorschlag lehnte ich ab, da es nach dem Vorfall bei Voigt verfrüht sei.

Er schlug dann vor, vorläufig von Westdeutschland aus zu arbeiten, aber zur Anwerbung meiner Bekannten noch einmal nach Westberlin zu fliegen. Ich gab Walker nähere Auskunft über meine Bekannten und bestellte sie in seinem Beisein nach Westberlin. Dort warb ich sie später in Anwesenheit eines Gruppenchefs an. Nach meiner Rückkehr holte mich ein Mitarbeiter der Dienststelle vom Rhein-Main-Flughafen ab und brachte mich nach Ochsenfurt, Jahnstraße 3, in eine Villa, die vom Gruppenchef Pokojewski und seiner Frau bewohnt wurde.

In diesem Haus wohnte auch ein Tscheche namens Frantisek, den ich später in der Würzburger Dienststelle wiedersah.

Von Ochsenfurt wurde ich nach Gießen ins Flüchtlingslager von einem amerikanischen Mitarbeiter der Dienststelle gebracht. Dieser übergab dort einen versiegelten Brief von Walker. In Gießen wurde mir die Bescheinigung als politisch anerkannter Flüchtling der BRD mit Rechtsanspruch ausgestellt.«

Im Frühjahr 1955, inzwischen ist er ein reichliches halbes Jahr in der Bundesrepublik, wird Horst Hesse nach Bremen verlegt. Durch das Flüchtlingsheim in der Vahrer Straße[26] sind seit Kriegsende zehntausende Menschen gegangen, erst die Kriegsvertriebenen, nun die sogenannten Zonenflüchtlinge. Aber »Jürgen« alias »Horst Berger« ist inzwischen aufgestiegen: Er darf befragen. Immer das gleiche Muster: Stimmungen im persönlichen Umfeld, militärische Einrichtungen, drangsalierende SED-Funktionäre und andere Aktivisten, Versorgungsengpässe usw. Diese Tätigkeit entnervt ihn mindestens so sehr wie die Auskünfte, die er erhält. Fast alle wollen antikommunistische Widerstandskämpfer gewesen sein. Doch Hesse weiß: Das sind die unangenehmen Mühen der Ebene, die er überwinden muss, will er in die fränkischen Berge gelangen. Nach 1990 erinnerte er sich: »In Bremen erfolgte die polizeiliche Anmeldung, und ich bekam einen Personalausweis. Da ich arbeitslos war, musste ich wöchentlich stempeln gehen. Nach einiger Zeit erkrankte ich und kam für etwa zwölf Tage ins Krankenrevier. In dieser Zeit schrieb ich die Würzburger MID-Dienststelle mehrmals an, um mich in Erinnerung zu bringen. Endlich bekam ich Bescheid, dass ich nach Würzburg zurückkommen soll.«[27]

Würzburg

Als Horst Hesse im Mai 1955 in Würzburg eintrifft, ist die Residenzstadt nur noch ein Schatten ihrer selbst. Der historische Glanz der fast 1300 Jahre alten Siedlung am Main fiel am 16. März 1945, als der Krieg längst entschieden war, während eines siebzehnminütigen Bombardements der Royal Air Force in Trümmer: 90 Prozent des historischen Zentrums waren zerstört, mehr als 5000 Menschen kamen ums Leben.

Würzburg ist zudem eine der ältesten Universitätsstädte Deutschlands. Bereits 1402 war »Die hohe Schule« gegründet worden, an der beispielsweise Wilhelm Conrad Röntgen 1895 die nach ihm benannte Strahlung entdeckt hatte.

Allerdings wirkte an der Alma mater auch ein Prof. Werner Heyde, der sich als SS-Arzt unrühmlich hervorgetan hatte: Er war am Euthanasie-Programm der Nazis, an der Vernichtung »unwerten Lebens«, wie sie die systematische Ermordung kranker und geistig behinderter Menschen nannten, maßgeblich beteiligt. In der Würzburger Friesstraße befand sich ein Außenlager des KZ Flossenbürg, das als »Notgefängnis« der Gestapo firmierte. Dort brachte man die Häftlinge unter, die als Bauarbeiter auf dem Klinikgelände eingesetzt wurden und für Heyde Sklavenarbeit verrichteten.

In der Friesstraße 4 sitzt jetzt das »Amt zur Erforschung der öffentlichen Meinung, Abteilung Flüchtlingsangelegenheiten des Europäischen Kommandos der US-Streitkräfte«. Mit diesem langen Titel tarnt sich der US-amerikanische Heeresgeheimdienst MID. Hesse wird offiziell dort als Mitarbeiter eingestellt. Um in die Behörde zu gelangen, wird ihm ein Dienstausweis mit Passbild und dem Hinweis ausgehändigt: »All documents carried by the bearer are property of the United States Government and are not subject to inspection or seizure without prior clearance of this organization.«[28]

In der Friesstraße 4 arbeiten zwölf Geheime, ihr Chef ist der 36 Jahre alte John C. Walker, der mit seiner Lebensgefährtin Lieselotte Pavel im Würzburger Rennwegring wohnt.

Den Chefausbilder für Funkagenten kennt Horst Hesse bereits. Es ist Willy Deutschewitz alias Paul Seifert. Kein unbeschriebenes Blatt. Seine nachrichtendienstliche Karriere begann bei der Gestapo, in den 30er Jahren war er im ostpreußischen Königsberg noch Wachtmeister, später in der »Wolfschanze«, Hitlers Hauptquartier in Ostpreußen, Nachrichtenoffizier.

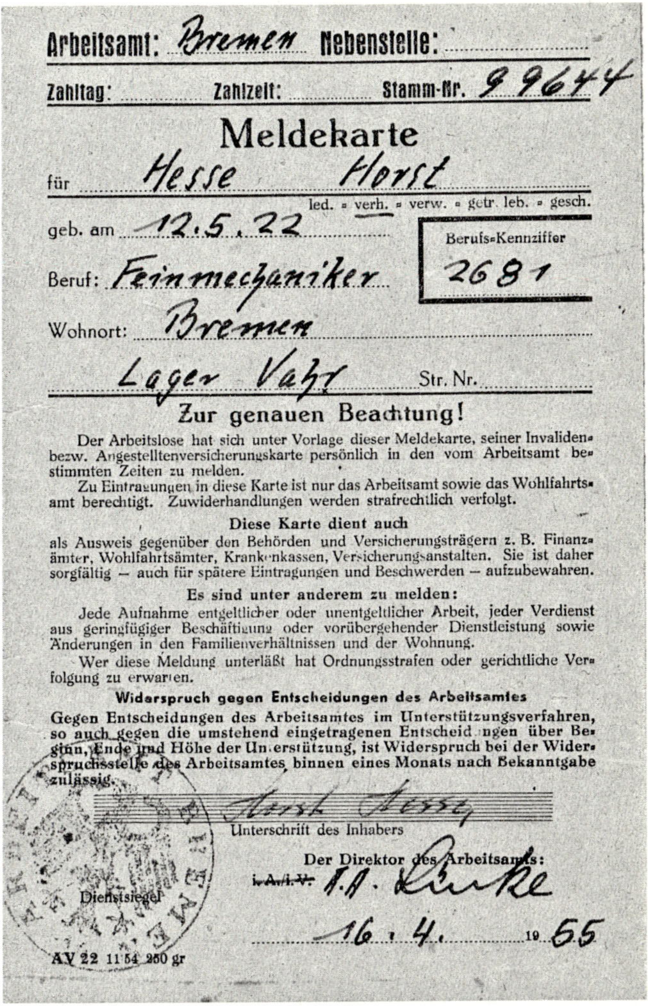

Arbeitsamt: Bremen Nebenstelle:

Zahltag: Zahlzeit: Stamm-Nr. 99644

Meldekarte

für Hesse Horst

led. = verh. = verw. = getr. leb. = gesch.

geb. am 12.5.22

Berufs-Kennziffer 2681

Beruf: Feinmechaniker

Wohnort: Bremen

Lager Vahr Str. Nr.

Zur genauen Beachtung!

Der Arbeitslose hat sich unter Vorlage dieser Meldekarte, seiner Invaliden- bezw. Angestelltenversicherungskarte persönlich in den vom Arbeitsamt bestimmten Zeiten zu melden.

Zu Eintragungen in diese Karte ist nur das Arbeitsamt sowie das Wohlfahrtsamt berechtigt. Zuwiderhandlungen werden strafrechtlich verfolgt.

Diese Karte dient auch

als Ausweis gegenüber den Behörden und Versicherungsträgern z. B. Finanzämter, Wohlfahrtsämter, Krankenkassen, Versicherungsanstalten. Sie ist daher sorgfältig – auch für spätere Eintragungen und Beschwerden – aufzubewahren.

Es sind unter anderem zu melden:

Jede Aufnahme entgeltlicher oder unentgeltlicher Arbeit, jeder Verdienst aus geringfügiger Beschäftigung oder vorübergehender Dienstleistung sowie Änderungen in den Familienverhältnissen und der Wohnung.

Wer diese Meldung unterläßt hat Ordnungsstrafen oder gerichtliche Verfolgung zu erwarten.

Widerspruch gegen Entscheidungen des Arbeitsamtes

Gegen Entscheidungen des Arbeitsamtes im Unterstützungsverfahren, so auch gegen die umstehend eingetragenen Entscheidungen über Beginn, Ende und Höhe der Unterstützung, ist Widerspruch bei der Widerspruchsstelle des Arbeitsamtes binnen eines Monats nach Bekanntgabe zulässig.

Horst Hesse

Unterschrift des Inhabers

Der Direktor des Arbeitsamts:

~~i. A./i. V.~~ I.A. Linke

Dienstsiegel

16. 4. 1955

AV 22 11 54 250 gr

Meldekarte Horst Hesses in Bremen, de facto sein erster Personalausweis in der Bundesrepublik. Im Auftrag des US-Geheimdienstes wird er zur Befragung von »Zonen-Flüchtlingen« im Lager an der Vahrer Straße eingesetzt

Nachrichtenoffizier war auch Kurt Pokojewski, jetzt ist er Gruppenchef der MID-Funker. Erste Nazi-Lorbeeren erwarb er in der »Legion Condor«, jener deutschen Hilfstruppe, die die spanische Republik niederbombte; beispielhaft die Zerstörung der baskischen Stadt Guernica.

Und dann gibt es noch die Gruppenchefs Willi Heidelberger, Fritz Bloßfeld, Kurt Werner und Franz Böhnlein. Bloßfeld führt in der Würzburger Innenstadt eine Detektei, Böhnlein agiert als Vertreter von »Möbel-Schmitt«, und Werner ist ein fahnenflüchtiger VP-Offizier, der für die Einschleusung von MID-Agenten in die DDR verantwortlich ist.

Dann gibt es noch den für die Funker verantwortlichen Werner Schütze, Deckname »Werner von Manstein«, der ein Rundfunkgeschäft in Westberlin betreibt. Damit wird seine Geheimdiensttätigkeit getarnt.

In Berlin arbeiten auch Franz Summer und Charlotte Braun alias »Neumann« als Agentenwerber. Dabei ist ihnen Walter Fischer behilflich, ein ehemaliger SS-Mann, der in Berlin-Schöneberg wohnt.

Allein die Herkunft des Personals, insbesondere dessen Tätigkeit im Nazireich, verrät eine reaktionäre Gesinnung, sie offenbart, wes Geistes Kind die Military Intelligence Division heute ist. Die MID war während und im Kampf gegen die Nazidiktatur entstanden, jetzt fanden sich in ihren Reihen einstige Gegner, die nunmehr mit den Amerikanern gegen den ehemaligen Verbündeten in der Antihitlerkoalition kämpften.

Zu den Amerikanern in der Residentur in Würzburg gehörte Glenn Wood, Texaner wie John C. Walker, zuständig für die Absicherung der Dienststelle. Doch er verbrachte mehr Zeit bei seiner Freundin in der Stadt als in der Dienststelle, also eigentlich ein Totalausfall.

Horst Hesse beschrieb die Würzburger Außenstelle der MID in den 90er Jahren in seinen handschriftlichen Notizen so:

»Personelle Besetzung der MID-Filiale Würzburg, Eisenmannstraße: 6 Amerikaner, 12 hauptamtliche deutsche Mitarbeiter, 3 weitere konspirative Häuser: Würzburg, König-Heinrich-Str. 63, vom Gruppenchef Schütze mit Ehefrau bewohnt, sowie Würzburg, Frankfurter Str. 96, bewohnt von Gruppenchef und Agentenwerber Kurt Werner, und eine Villa in Ochsenfurt. In diesen Häusern wurden Agenten ausgebildet, Aussprachen mit Personen geführt und Instruktionen an Agenten erteilt.

Diensträume der MID-Dienststelle einschließlich Fotolabor befanden sich im ersten Stockwerk.

Die Küche, Speise- und Aufenthaltsraum sowie Schlafräume von 3 weiblichen Mitarbeiterinnen befanden sich im Parterre der Villa.

Die MID-Dienststelle war im Besitz von mehreren Pkw verschiedener Fabrikate und eines Spezialfunkwagens. Fahrzeuge wurden von einem deutschen Mechaniker gewartet. Anfallende Reparaturen übernahm eine amerikanische Militäreinheit, die auch die Kraftstoffzuteilung lieferte. Die Fahrzeuge hatten amerikanische Kennzeichen. Polizeiliche Kennzeichen aller Art befanden sich in den Gepäckräumen. Alle Amerikaner und hauptamtlichen Mitarbeiter waren Schußwaffenträger. Die hauptamtlichen Mitarbeiter und Agentenwerber waren im Besitz gefälschter Ausweise. Die Abteilung Agentenwerbung bearbeitete täglich Fotokopien von Briefen, die auf dem Postweg von Bürgern der DDR an ihre Verwandten und Bekannten nach Westdeutschland geschickt wurden, auch Originalstreifen von Telegrammen aus der DDR an westdeutsche Bürger. [...]

An Bürger der DDR wurden sogenannte Liebesgabenpakete mit Bohnenkaffee, Schokolade, Zigaretten u.a. Genussmitteln geschickt, die mit einer Deckadresse versehen waren. Auf diese Weise wurde Verbindung aufgenommen.

Bei der Agentenwerberin Frau Neumann, alias Charlotte Braun, in Berlin-Zehlendorf wurde dann mit dem Briefpartner eine Aussprache geführt.«[29]

Der Alltag eines Geheimen

Was macht einer, der mit Auftrag in den Westen geht, um sich dort bei einem westlichen Geheimdienst zu verdingen und also als »Doppelagent« arbeitet?

Im Juli 1956, auf seiner Pressekonferenz in Berlin, beschrieb Horst Hesse detailliert seine Tätigkeit.

Kurz gesagt: Er brach im Auftrag der Amerikaner geltendes deutsches Recht, indem das Brief-, Post- und Fernmeldegeheimnis, geschützt durch Artikel 10 des Grundgesetzes der Bundesrepublik Deutschland und strafbewehrt durch § 206 des Strafgesetzbuches, systematisch und fortgesetzt ignoriert wurde. Die MID-Dienststelle Würzburg erhielt täglich massenhaft Kopien von Briefen und Telegrammen, die im grenzüberschreitenden Postverkehr von West nach Ost und von Ost nach West versandt worden waren. Aus diesen Korrespondenzen wurden nachrichtendienstlich relevante Informationen gefiltert, insbesondere Angaben zu Personen, die daraufhin von der MID und ihren Agenten kontaktiert und für eine

Mitarbeit zu gewinnen versucht wurden. Eine nicht unerhebliche Personengruppe, aus der Agenten rekrutiert wurden, waren Republikflüchtlinge, die Verbindung zu Angehörigen und Freunden in der DDR unterhielten.

Zwar war formell mit dem sogenannten Deutschlandvertrag von 1952 die Postüberwachung durch die Alliierten beendet worden, dennoch wurde die Post aus der DDR und in die DDR noch immer durchwühlt. Legitimiert wurde dieser Rechtsbruch mit dem sogenannten Fünf-Broschüren-Urteil des Bundesgerichtshofes in Karlsruhe vom 8. April 1952. Die Friedensbewegung stemmte sich gegen die Wiederbewaffnung der Bundesrepublik, es gab unzählige Protestkundgebungen und -demonstrationen, Flugblätter und Streitschriften, die in millionenfacher Auflage verbreitet wurden. Weil fünf Broschüren in Briefen aus der DDR entdeckt worden waren (»Wo stehen wir im Kampf um die friedliche Wiedervereinigung Deutschlands?«, »Den Lügenfritzen eins aufs Maul«, »Das Gebot der Stunde für eine Volksbefragung gegen die Wiederbewaffnung der BRD und für den Abschluss eines Friedensvertrages«, »Achtung! Akute Gefahr für die ganze Nation«, »Die deutsche Arbeiterklasse muss sich entscheiden!«), strengte auf Betreiben der Bundesregierung der Oberbundesanwalt ein Verfahren wegen »Vorbereitung eines hochverräterischen Unternehmens« an. Es fand ohne angeklagte Person und ohne Verteidiger statt und schloss mit dem Urteil, dass der Postverkehr zwischen den beiden deutschen Staaten zu überwachen sei, d.h. das Postministerium wurde angewiesen, »verdächtige« Briefe zu öffnen, zu untersuchen und den Inhalt zu beschlagnahmen, wenn er denn »politische Propaganda« darstellte. Das Urteil und die 35 Seiten Begründung wurden nicht veröffentlicht. Obgleich also unbekannt, lieferte das BGH-Urteil bundesdeutschen Behörden einschließlich ihrer Geheimdienste und denen der Alliierten die »Rechtsgrundlage« für einen massenhaften Rechtsbruch.

Nebenbei: Oberbundesanwalt Carlo Wiechmann, der das Urteil erwirkt hatte, arbeitete von 1933 bis 1945 als Senatspräsident am Kammergericht Berlin; BGH-Präsident Dagobert Moericke, der dafür sorgte, dass das Urteil erging und unter Verschluss blieb, war von 1936 bis Kriegsende Senatspräsident am Oberlandesgericht Celle, nach dem Krieg Generalstaatsanwalt in der britischen Zone und von 1947 bis 1950 Staatssekretär im niedersächsischen Justizministerium ...

Horst Hesse beschrieb auch, wie man mit den Informationen und Adressen, die auf diese rechtswidrige Weise gewonnen wurden, weiter verfuhr. An die Personen in der DDR, die man für »interessant« hielt, wurden sogenannte Liebesgaben geschickt: Kaffee, Schokolade, Zigaretten, Nylonstrümpfe – die Glasperlen des Kalten Krieges. Versender dieser wohlriechenden Verlockungen war Anna Lauterbach aus Kaltensontheim, einem Ort zwischen Würzburg und Kitzingen. Die Frau gab es natürlich nicht, es war eine fiktive Adresse. Der »Liebesgabe« beigefügt war eine Einladung zu einem Treffen in Berlin-Zeh-

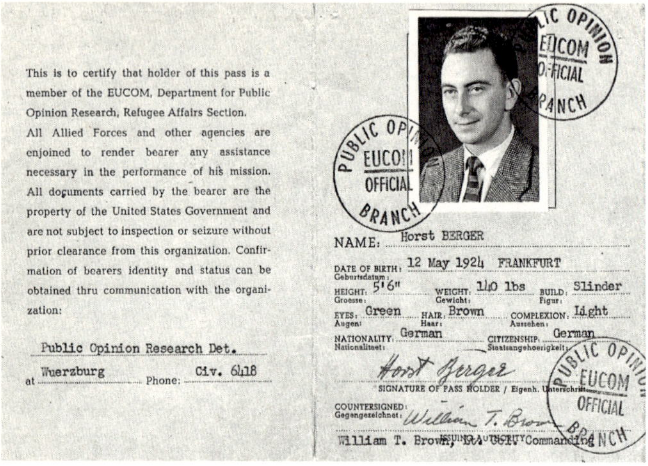
This is to certify that holder of this pass is a member of the EUCOM, Department for Public Opinion Research, Refugee Affairs Section.
All Allied Forces and other agencies are enjoined to render bearer any assistance necessary in the performance of his mission.
All documents carried by the bearer are the property of the United States Government and are not subject to inspection or seizure without prior clearance from this organization. Confirmation of bearers identity and status can be obtained thru communication with the organization:

Public Opinion Research Det.
at Wuerzburg Phone: Civ. 6418

PUBLIC OPINION EUCOM OFFICIAL BRANCH

NAME: Horst BERGER
DATE OF BIRTH: Geburtsdatum: 12 May 1924 FRANKFURT
HEIGHT: Groesse: 5'6" WEIGHT: Gewicht: 140 lbs BUILD: Figur: Slinder
EYES: Augen: Green HAIR: Haar: Brown COMPLEXION: Aussehen: Light
NATIONALITY: Nationalitaet: German CITIZENSHIP: Staatsangehoerigkeit: German
Horst Berger
SIGNATURE OF PASS HOLDER / Eigenh. Unterschrift
COUNTERSIGNED: Gegengezeichnet: William T. Brown
William T. Brown, ISSUING AUTHORITY Commanding

Hesses MID-Dienstausweis, ausgestellt auf »Horst Berger«

lendorf. Frau Lauterbach weile dort dann und dann zu einem Besuch: Es wäre schön, wenn man sich einmal persönlich kennenlernen könnte …

Das funktionierte in vielen Fällen. Offenkundig fragten sich diese Ostdeutschen nicht, woher diese ihnen unbekannte Frau Lauterbach aus Kaltensontheim ihre Adresse habe und wie sie dazu käme, ihnen ein solches Paket zu senden. Not kennt kein Gebot, sagten sie sich wohl, und glaubten an das Gute im Menschen.

Der Begegnung mit Frau Lauterbach bei Kaffee und Kuchen wohnte ein Bekannter bei, der sich als Meinungsforscher auswies, um die große Neugier zu begründen, die er in der Plauderstunde an den Tag legte …

Die Berichte dieses Mannes von der MID landen auf dem Tisch von »Horst Berger« in Würzburg.

Er sichtet und wertet aus. Sein Arbeitgeber interessiert sich besonders für das Transportwesen in der »Ostzone«, in Polen und der Tschechoslowakei, für wissenschaftliche und wirtschaftliche Einrichtungen (vor allem jene, die mit dem Uran-Abbau und der Atomforschung befasst sind), für die sowjetischen Streitkräfte und das Militär der DDR. Begehrt sind auch Nachrichten über das MfS und dessen Auslandsaufklärung.

Hesse ist ein Mann des MfS, aber er muss so tun, als sei er einer von der MID. Also muss er sich so verhalten, dass bei seinem »Arbeitgeber« kein Zweifel an seiner Verlässlichkeit und Treue entsteht. Das gelingt.

Major John C. Walker ist von ihm angetan, »Berger« unterscheidet sich auf angenehme Weise von den »alten Kameraden«, denen der braune Dreck sichtbar an den Hacken klebt. Aber nicht nur deshalb mag er sie nicht. Sie sind unehrlich, stecken sich Geld in die Tasche, das für Agenten bestimmt ist, und halten sich für etwas Besseres. Walker schätzt Loyalität und Disziplin. Deshalb macht er »Berger« verantwortlich für die Vorräte an Alkohol und Zigaretten und schließlich auch für die Sicherheit der Agentur, für die eigentlich sein Landsmann Glenn Wood zuständig ist.

Diese Vertrauensstellung übernimmt »Berger«, als die Dienststelle im Februar 1956 in ein größeres Objekt in die Eisenmannstraße wechselt. Sichtbar auch dadurch, dass Walker ihm die Einliegerwohnung im Hause zuweist.

Der MfS-Kundschafter jubelt innerlich. Etwas Besseres kann ihm nicht passieren: Tür an Tür mit dem Ausspähobjekt, und das 24 Stunden am Tage. Ironisch gesagt: Man hat den Bock zum Gärtner gemacht.

Als Chef der Agentenwerbung fliegt Hesse regelmäßig nach Westberlin, dort kontaktiert er auch die Genossen der Linie II. Sie legen falsche Fährten und sorgen dafür, dass die Treffen von »Jürgen« von den westlichen Diensten nicht bemerkt werden.

In der ersten Zeit erhält Horst Hesse die Instruktionen über seine Frau Ruth, die dafür von Magdeburg nach Westberlin fährt. Sie ist von den Mitarbeitern der Spionageabwehr dafür gebrieft worden. Dieser Verbindungsweg ist dokumentiert, weshalb anderslautende Darstellungen, dass Ruth Hesse und ihre Kinder wegen der Republikflucht ihres Mannes und des Vaters geächtet worden seien, als nachrichtendienstliche Lyrik bezeichnet werden können. Behauptungen dieser Art dienten der Legendenbildung.

Anders verhält es sich mit der Erzählung von Tochter Marion, Jahrgang 1944. Sie berichtet, dass ihr die vermeintliche Republikflucht des Vaters das Herz gebrochen habe, für sie sei das ein Verrat an der Sache des Sozialismus gewesen. Deshalb hätten sie die Genossen des MfS aufgeklärt. Nachdem sie ihr großes Pionierehrenwort gegeben habe, wäre ihr reiner Wein eingeschenkt worden, und sie habe dann den Papa in Würzburg besucht. Sie könne sich an eine große Frühstückstafel im Haus an der Friesstraße erinnern, an der die ganze Mannschaft gesessen habe, auch der Chef. »Johnny« sei ein schöner Mann gewesen, groß, sportlich, dunkles Haar. Er habe sie mit Konfekt verwöhnt, während sie auf seiner Schreibmaschine klimpern durfte.

Auch Schwester Hedda berichtet über Besuche in Würzburg und in der Villa von John C. Walker. Beide beeindruckte der Hobby-Raum im Keller mit einer Tischtennis-Platte – Anfang der 50er in Magdeburg-Brückfeld, wo sie lebten, unvorstellbar.

Waren die beiden und ihre Mutter wirklich in Würzburg? In Kenntnis, warum der Vater dort war?

Das klingt reichlich abenteuerlich. Betagte Mitarbeiter des MfS, die bereits in den 50er Jahren dabei waren, schließen das jedoch nicht aus. Damals war vieles möglich, was später völlig ausgeschlossen war, der Zaun hatte auf beiden Seiten Löcher, die

Horst Hesse in der Würzburger Residentur der MID mit einer Geheimdienst-Kollegin

Spionageabwehr war noch nicht so perfekt wie später. Warum also nicht? Dass aber eine Elfjährige von der nachrichtendienstlichen Einbindung ihres Vaters Kenntnis gehabt haben solle, ist unmöglich. Da überlagern wohl später erlangte Informationen die frühen Erinnerungen.

Horst Hesse wird, wie jeder MID-Mitarbeiter, regelmäßig überprüft. Der Ostdeutsche ist »sauber«. Das und die vorbildliche Dienstauffassung machen ihn in den Augen seiner Vorgesetzten zu dem, was man in der DDR einen Perspektivkader nennt. Man hält ihn für höhere Aufgaben tauglich. Deshalb soll er zunächst zu einem Vierteljahres-Lehrgang nach Florida in die Vereinigten Staaten geschickt werden.

Hesse ist, im Unterschied zu seinem Führungsoffizier in Magdeburg und den involvierten Genossen der Linie II, von diesem Vorschlag begeistert. Er kann es weit bringen im militärischen Nachrichtendienst der Amerikaner. Ein Aufstieg in der Hierarchie wäre »der Sache« nicht nur dienlich, sondern für die DDR-Aufklärung nützlich, geradezu hervorragend, denkt er.

In Magdeburg und anderswo ist man jedoch auf den raschen Erfolg aus, nicht auf die Perspektive. Heute braucht man Resultate, nicht erst in ein paar Jahren. Wer weiß, was dann sein wird?

Dass man so denkt, hängt mit den aktuellen Ereignissen zusammen. Im Februar hatte in Moskau der XX. Parteitag der KPdSU getagt, dort hatte Chruschtschow in einer Geheimrede – die keineswegs geheim geblieben war – mehr als nur die »kommunistische Welt« erschüttert. Er hatte seinen Vorgänger schwerer Verbrechen und des Personenkults bezichtigt und damit objektiv die ganze Sowjetunion diskreditiert, denn – obgleich er es nicht sagte, aber jeder wusste es – Chruschtschow und andere, die mit ihm in jenem Politbüro saßen, schoben nun dem toten Stalin allein alles in die Schuhe: die Irrtümer, die Deformierungen, die Rechtsbeugungen, die Untaten. Es war bei den Schuldzuweisungen, auch wenn nicht wenige Vorwürfe begründet waren, viel Heuchelei und Verlogenheit im Spiele, was den Sozialismus zumindest moralisch in die Defensive brachte. Der Westen nützte dies politisch-propagandistisch genüsslich aus, die sogenannte Entstalinisierung in der Sowjetunion – etwa die Liquidierung der GuLags[30], die Rehabilitierung politisch Verfemter und Verurteilter –, war richtig, aber lieferte in der Auseinandersetzung der Systeme Argumente.

In der DDR hatte es keine Schauprozesse und Todesurteile gegeben. Ulbricht und die Parteiführung hatten es mit List und Klasseninstinkt vermocht, politische und rassistische Verfolgungen, wie sie in der Sowjetunion üblich waren und auch von der DDR gefordert worden waren, abzuwehren.

Aber der moralische Niederschlag des XX. Parteitages provozierte eben solche Gedankengänge in Magdeburg und Berlin: Wir brauchen einen offensiven Erfolg, überzeugende, nicht zu widerlegende Tatsachen, dass die Gefährdung des Friedens vom aggressiven Westen ausgeht. Nicht Stalin und der angebliche Stalinismus gefährden die internationale

Sicherheit, sondern der Imperialismus und der ihm innewohnende Drang zur Beherrschung der Welt! Wenige Monate zuvor, im Mai 1955, war die Bundesrepublik dem Nordatlantikpakt, der NATO, beigetreten, was die Bildung eines östlichen Bündnisses, des Warschauer Vertrages, nach sich zog.

Die westliche Führungsmacht, die USA, hatte einen Wechsel ihrer Strategie vorgenommen. Wollte man in den 40er Jahren die Ausbreitung des »Kommunismus« zunächst nur eindämmen (»containment«), war man inzwischen zum Rollback übergegangen. Der Einfluss des Sozialismus sollte zurückgerollt werden. Keine Koexistenz, sondern Überwindung hieß die Parole.

Der Kampf um die Köpfe war im Jahr 1956 voll entbrannt, es mussten überzeugende Argumente gefunden werden. »Jürgen« in Würzburg konnte sie liefern. Er saß an einer wichtigen Quelle, an einer Zentrale des ideologischen, nachrichtendienstlichen Klassenkampfes. Er konnte mit den dort liegenden Unterlagen schwarz auf weiß beweisen, mit welchen verbrecherischen Mitteln und Methoden der Westen gegen die DDR, gegen die sozialistischen Staaten arbeitete. Und zwar sofort!

Horst Hesse bekommt entsprechende Order.

Mit einem Paukenschlag soll er seinen Einsatz bei der MID in Würzburg beenden, Florida ist abgesagt.

Die in Berlin und Magdeburg konzipierte Aktion erhält die Bezeichnung »Schlag«.

Lügendetektor

»Ihre Waffe, bitte!«

Die Tür, die den Schießkeller absperrt, ist aus schwerem Stahl. Sie lässt sich nur mit Mühe bewegen. Im Gang selbst patrouilliert ein Posten. Hansen hat die Tür noch nicht erreicht, da wird sie mit Vehemenz von innen aufgestoßen und der Major tritt in den Gang. Er hält sein Jackett unter den Arm geklemmt und trägt die Hemdsärmel aufgerollt. Von seinem vollen, derben Gesicht tropft der Schweiß. Die Haare hängen ihm wie angeklebt in die Stirn. Er bietet keinen guten Anblick. Collins passiert den Flur, ohne jemanden anzusehen, und verschwindet auf der Treppe. Es sieht wirklich so aus, als hätte der Colonel alle seine Künste spielen lassen. Auch er kommt jetzt durch die Tür und lächelt, als er Hansen sieht. »Hallo, Mister Hansen! Erfreut, Sie zu sehen. Ihre Waffe, bitte!«

Hansen zieht die Pistole aus dem Halfter und legt sie in die ausgestreckte Hand. Einen Augenblick durchblitzt es sein Gehirn: Ist das die allerletzte Chance? Aber er zwingt sich zu einem Lächeln und geht durch die offenstehende Tür in den Keller hinein. Hinter ihm drückt der Colonel dem Posten ein Schlüsselbund in die Hand und weist mit dem Kopf zum Ausgang. »Safekontrolle!«

Der Posten nickt und steigt hinauf. Rock geht in den Keller zurück und zieht die Tür hinter sich ins Schloss. Selbst die inneren Riegel lässt er einrasten.

Inmitten des Kellers steht ein tiefer Liegesessel. Einige Scheinwerferlampen sind auf ihn gerichtet. Hinter diesem Sessel steht ein Tischchen, das den Lügendetektor trägt. Ein harmlos aussehender Apparat von der Größe eines Radios. Von dem schwarzen Kasten gehen einige Drähte und Gummileitungen aus, die in Schnallen und blitzenden Metallscheiben enden. Eine weiße Leinwandkulisse sperrt den Blick des Sitzenden von der Umwelt ab.

Hansen zieht den Rock aus, wirft ihn achtlos beiseite, knöpft das Hemd auf und setzte sich in den Sessel. Der Doktor, weißbekittelt, schlenkert mit den Armen und grinst freundlich. Er mag etwa 35 Jahre zählen. Als Mediziner hat er einen gewissen achtbaren Ruf, der ihm auch die Übernahme ins Headquarter eingebracht hat. Doch sagen Leute, die es wissen müssen, er sei ganz und gar dem Alkohol verfallen.

»Hallo, Hansen«, knautscht er, die Zigarette im Munde. Er legt Hansen eine der Schnallen um den linken Arm, dann kniet er nieder, streift ihm das rechte Hosenbein hoch und legt eine der Schnallen um die Wade. Brustkorb und Fingerspitzen folgen.

Kühl fühlt Hansen das blanke Metall und hebt unwillkürlich eine Hand etwas an. Der Doktor lacht. »Keine Angst, es tut nicht weh, darling. Gleich ist der Zahn gezogen!«

Rock hat die Manipulation beobachtet. Er tritt näher und schiebt Hansen einen Zettel in die Hand.

»Unterschreiben Sie, dass Sie sich freiwillig untersuchen lassen«, sagt er. Hansen prüft den Zettel genau. Er legt sich keinen Zwang an, das wird offenbar auch nicht erwartet. Es ist das übliche vorgedruckte Formular. Hansen unterschreibt. Der Colonel lässt ihn nicht aus den Augen und registriert luchsäugig hinter seiner dicken Brille jede Bewegung.

»Sind Sie absolut gesund?«

»Ja.«

»Stehen Sie unter Einfluss von Rauschgift, Schlafmitteln oder Alkohol?«

»Nein.«

Nun drückt der Colonel seinem Patienten wiederum einen Zettel, diesmal unbedruckt und unbeschrieben, und einen kleinen Stift in die Hand. »Schreiben Sie darauf eine Zahl zwischen eins und zehn.«

Er dreht sich um und tritt einige Schritte zurück. »Den Zettel geben Sie dem Doktor. Ich will die Zahl nicht kennen.« Mätzchen!, denkt Hansen verächtlich, schreibt und reicht den Zettel über seinen Rücken dem Doktor in die ausgestreckte Hand. Der Doktor sieht schnell darauf und hebt zu Rock hin unauffällig die andere Hand. Fünf Finger, noch einmal zwei Finger. Also sieben.

Rock nimmt das schnelle Zeichen zur Kenntnis, zuckt jedoch nicht mit der Wimper.

»Sie wissen, wie das jetzt vor sich geht, Hansen. Sie sind ja kein Neuling. Antworten Sie mir nur mit Nein. Auch, wenn ich Ihre Zahl erraten sollte.«

Hansen nickt. »Ja. Schon gut.«

Der Apparat auf dem Tischchen beginnt zu summen. Hansen spürt ein leichtes Prickeln in den Fingern. Rock beginnt zu zählen.

»Eins.«

»Nein.«

»Drei.«

»Nein.«

Der Doktor späht in den Apparat. Über ein Walze läuft ein Millimeterpapier. Ein spitzer Stift, feststehend, zeichnet darauf eine Art Fieberkurve.

»Fünf.«

»Nein.«

»Sieben.«

»Nein.«

Hier zuckt die Kurve merklich hoch. Der Doktor grinst befriedigt. Nichts gegen die Wissenschaft! Das Papierband läuft weiter. Unablässig zuckte die Kurve auf. Der Doktor hebt die Hand.

»Stopp!«

»Alles okay, Doc?«, fragt der Colonel. Der Doktor führt zwei Finger an den Mund und wirft einen Kuss in die Luft. »Der lügt wie ein Pastor!« Er schlägt Hansen kameradschaftlich auf die Schulter. Rock zwinkert hinter den Brillengläsern mit den Augen.

»Der Test gefällt Ihnen nicht?«

Hansen schüttelt mürrisch den Kopf. »Ich halte diesen Zirkus für unter meiner Würde, Colonel. Das ist wirklich nur Theater.«

Rock nickt liebenswürdig. »Theater, sagen Sie. Na gut. Und jetzt antworten Sie mit Ja oder mit Nein. Nur mit Ja oder Nein!« Er gibt dem Doktor ein Zeichen. »Los!«

Unvermittelt, sehr hart, fährt seine Stimme auf Hansen los.

»Sie waren Metallarbeiter?«

»Ja.«

»Verheiratet?«

»Ja.«

»Frau starb an Krebs?«

»Ja.«

»Sie waren gegen das System?«

»Ja.«

»Sie sind Kommunist?«

»Nein.«

Der Doktor blinkt mit den Augen. Sein Gerät zeigt keinen nennenswerten Anschlag.

Im oberen Flur haben die beiden Beauftragten bereits Hansens Büro und den Inhalt seines Safes durchsucht. Jetzt blickt der eine auf zwei handtellergroße Fotografien, die er unter dem Papier entdeckt hat. »He, Harry, schau doch mal her.« Er reicht dem Kollegen die Bilder hinüber.

»Was ist?«

»Den Kerl neben der alten Fregatte habe ich doch schon gesehen.«

»Klar, hast du bestimmt«, sagt der Geheimdienstmann und schmunzelt. »Der hockt nebenan und wartet auf die Wäsche. Schuck oder so.«

»Und dieser Bursche hat ihn in seinem Safe? Sicher nicht zur freundlichen Erinnerung. Da spielt sich doch was ab.«

»Wird schon so sein. Leg die Bilderchen beiseite für den Boss. Das sind Liebhaberstücke.«

Sie lachen.

Überführt?

Im Keller geht das makabre Spiel weiter. Pausenlos. Schon tropft auch Hansen der Schweiß von der Stirn, verfängt sich in den Brauen und kitzelt unangenehm die Schläfen.

»Sie hatten Verbindung zur sowjetischen Abwehr?«

»Nein.«

»Zum Deuxième Bureau?«

»Nein.«

»Intelligence Service?«

»Nein.«

»Bundesnachrichtendienst?«

»Nein.«

»MID?«

»Ja.«

»SSD?«[31]

»Nein.«

Collins hat sich längst frisch gemacht und durchquert mit Tigerschritten sein Büro. Er öffnet zuweilen die Tür und wirft einen Blick in das Vorzimmer.

Eine trübe Atmosphäre herrscht dort. Peggy weint lautlos. Sie ist mit den Nerven völlig fertig, ehe die Sache für sie überhaupt begonnen hat. Schuck lässt die Unterlippe hängen und starrt vor sich hin. Frantisek ist nahe am Einschlafen. Die Wächter haben das Kartenspiel aufgegeben und sich auf die kleine

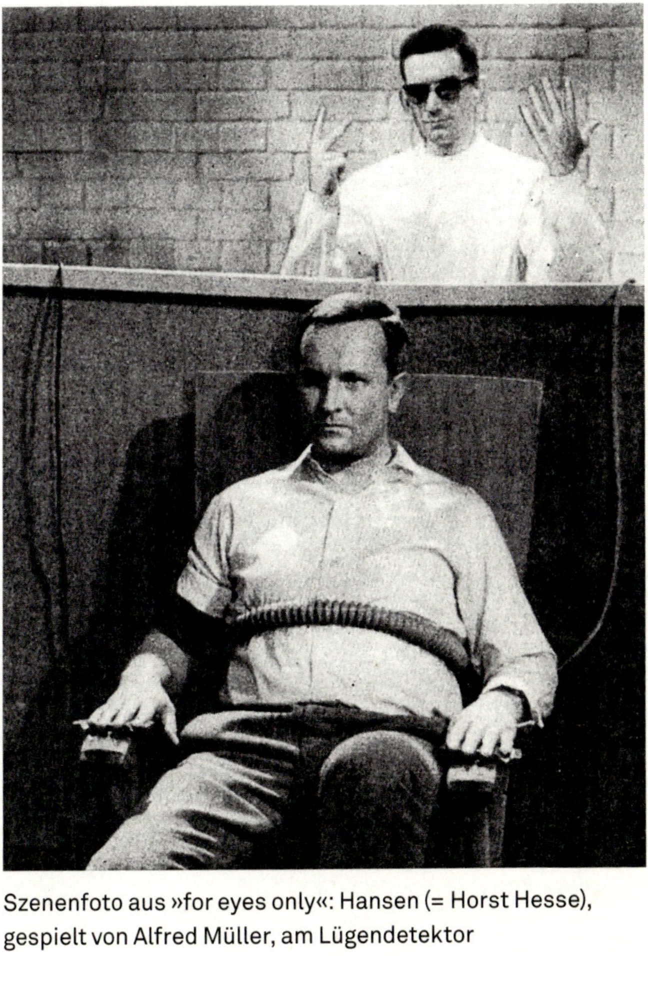

Szenenfoto aus »for eyes only«: Hansen (= Horst Hesse), gespielt von Alfred Müller, am Lügendetektor

Flasche besonnen. Sie bedienen sich schweigend. Der Major zieht die Tür kräftig wieder ins Schloss und beginnt erneut, verärgert herumzulaufen. Er ist nicht mehr Herr im eigenen Hause. Unablässig grübelt er darüber nach, wie er am besten dem Colonel eins auswischen kann, seine ausgeprägte Eitelkeit ist empfindlich getroffen.

Die Stimme des Colonels zischt durch den Keller.

»Sie haben einen Auftrag vom SSD?«

»Nein.«

»Sie haben sich in Berlin mit dem SSD getroffen?«

»Nein.«

Die Stimme hämmert.

Im Rücken des Sitzenden deutet der Doktor auf den summenden Apparat. »Machen wir Schluss, Colonel. Der Mann ist überführt.«

Rock geht zum Tischchen und starrt auf das Kardiogramm. Die Wellenlinie verläuft annähernd gleichförmig, keine Notierung einer besonderen Erregung. Nicht das geringste Zeichen. Rock sieht den Doktor an, der mühsam ein Gähnen unterdrückt, und schüttelt leicht den Kopf. Er stellt sich dicht neben Hansen.

»Der Apparat ist unbestechlicher als das Jüngste Gericht. Geben Sie das Spiel auf, Hansen. Wir wissen alles.«

Hansen hebt müde den Kopf und ringt sich ein Lächeln ab. »Dann wissen Sie mehr als ich!«

Der Doktor reißt das Papier aus der Walze. Der Colonel zuckt mit den Schultern.

»Die Sache ist klar. Gehen wir. Sie bleiben sitzen, Hansen!« Sie verlassen den Keller und werfen die schwere Tür krachend zu. Die Scheinwerfer schleudern weiter unbarmherzig gleißende Lichtbündel auf den Mann im Sessel. Hansen fährt sich mit dem Arm über die Stirn und wischt den Schweiß ab. Er hält die Augen geschlossen, sein Gesicht wirkt eingefallen.

Im Flur zündet sich der Colonel eine Zigarette an und pafft hastig einige Züge. Der Doktor denkt an die kleine Flasche, die er in der Innentasche seines Kittels parat hält, doch ist es unmöglich, sich daraus in Rocks Gegenwart zu bedienen.

»Wie hat denn Boston gestern gespielt?«, fragt Rock.

Der Doktor schüttelt mürrisch den Kopf. »Weiß nicht.« Er überlegt.

»Colonel, ist unser General eigentlich ein Jude?«

Rock sieht seinem Rauch hinterher.

»Warum fragen Sie?«

»Er hat mir zum zweiten Mal eine Gehaltserhöhung abgelehnt.«

»Meinen Glückwunsch. Was wollen Sie auch mit dem ganzen Geld?«

»Dem ganzen Geld?«

Der Doktor schaut auf die Tür. Das Gespräch ödet ihn an, der Colonel ödet ihn an. Die Gehirnwäsche ist zum Kotzen.

»Wie lange soll denn der noch schmoren?«

»Zigarettenlänge.«

Der Doktor grinst. Er hat schon bei Hunderten derartiger Gehirnwäschen assistiert. Stets sind die

Erfolge mehr als zweifelhaft gewesen. Wenn es dem Colonel wirklich einmal gelungen war, mit Hilfe des Lügendetektors einen Burschen einwandfrei zu überführen, war der Erfolg in jedem Falle mehr den Suggestivfragen und dem lädierten Nervensystem des Betroffenen zuzuschreiben gewesen als dem Gerät. Als Mediziner muss er diese Art der Verhöre strikt ablehnen. Er weiß, wie schädlich und zerstörend sie sich auf schwache oder ängstliche Gemüter auswirken können. Es ist nicht selten, dass Leute, die ein Verhör hundertprozentig positiv überstanden haben, Stunden oder Tage später durch einen Selbstmord enden. Dann ist der Colonel ganz fest überzeugt, der Selbstmord sei ein verspätetes Eingeständnis einer Schuld gewesen, die er leider nicht herausgefunden hat. Rock grübelt dann darüber nach, wie er seine Verhöre noch wirkungsvoller gestalten kann. Eine gefährliche Spezialität des Headquarter-Psychologen. Sie hat schon reichlich Opfer gekostet und würde noch mehr kosten. Natürlich hütet er sich, darüber zu sprechen. Seine medizinischen Kenntnisse sind tiefgehender als sein ärztliches Gewissen. Aber er bekommt seine Dollar, alles andere schert ihn einen Dreck. Deshalb knurrt er vor sich hin: »Armee voll Juden, die Weiber werden immer teurer, und ich muss hier mit den Krautfressern Katz und Maus spielen ...!«

Rock mustert ihn schräg von der Seite.

»Ich glaube, Sie sind auch bald für einen Test reif.«

»Ich?« Der Doktor lächelt verächtlich.

»Da müssten Sie sich schon etwas Neues ausdenken.«

»Ich gehe noch ein paar Minuten an die frische Luft«, sagt Rock, ohne weiter auf die hämische Bemerkung des anderen einzugehen. »Bleiben Sie hier, gehen Sie aber nicht zu dem hinein. Der soll noch ein bisschen mit sich allein bleiben.«

Er geht. Noch ehe er verschwunden ist, hat der Doktor bereits die kleine Flasche an den Lippen und lässt mit einem Gefühl der Befreiung den lauwarmen Whisky in die ausgedörrte Kehle gurgeln.

Hansen sitzt regungslos im Sessel, den Kopf weit zurückgelehnt. Er hält die Augen geschlossen, um dem quälenden Scheinwerferlicht zu entgehen. Wort für Wort, Frage für Frage geht er noch einmal das Verhör durch.

Er ist sicher, dass ihm kein Fehler unterlaufen war. Und er ist auch sicher, dass er es noch eine weitere Zeit durchhalten würde, doch er weiß nicht, ob sich der Colonel nicht neue Teufeleien ausgedacht hat. Eines ist gewiss, Rock hat starken Verdacht und gerade auf ihn. Es besagt nicht viel, dass er nebenher die gesamte Dienststelle mit Collins an der Spitze durch seine Mühle dreht. »Sie haben sich in Berlin mit dem SSD getroffen?« Nein, diese Frage hat gar nichts zu besagen. Sicherlich wird sie in jedem zweiten Verhör gestellt. Dass sie bei ihm kommen musste, war von Anbeginn klar. Er war auch keineswegs überrascht gewesen, als sie ihm von Rock geradezu ins Gesicht gespien wurde. Bluff! Sie wissen nichts. Dieser Colonel samt seinem Detektor und seinem

Doktor ist ein einziger Bluff. Er atmet tief die säuerliche Luft des Kellers, bemüht, sich so weit als möglich zu entspannen. Ein Bluff!

*

Soweit die Szene aus dem DEFA-Film »for eyes only«, in welchem Hesse Hansen heißt. So oder ähnlich spielte sich auch der Test ab, dem sich »Jürgen« unterzog. Der Grund für diese Maßnahme: Die Frankfurter Zentrale der MID vermutete in Würzburg einen Maulwurf. Ein Maulwurf ist im nachrichtendienstlichen Jargon ein Agent eines feindlichen Dienstes, der sich in eine Organisation einschleicht. Ist er erfolgreich platziert, versucht er seine Stellung zu festigen, um so nachrichtendienstliche Wühltätigkeit zu betreiben – ein Maulwurf eben. Das trifft auf Horst Hesse in vollem Umfang zu.

Es ist bei den Amerikanern bis heute üblich, auf diese Weise Verräter zu enttarnen. Der tatsächliche Nutzen solcher Tests hingegen ist umstritten, zumal der Detektor keine Lügen aufzeigen kann, da ihm jede semantische Fähigkeit fehlt. Der »Polygraf« oder das »Biosignalgerät« zeichnet lediglich Atemfrequenz, Puls und Blutdruck, Schwitzen sowie das Zittern der Hände auf – sie sind also auf der Suche nach der unehrlichen Haut. Es gibt Menschen, die allein durch die Verkabelung mit einem »Lügendetektor« in Panik geraten und dadurch als überführt gelten, noch bevor ihnen auch nur eine einzige Frage gestellt wurde.

Im Februar 1954, also bevor Horst Hesse die Kabel angelegt worden waren, hatte der Bundesgerichtshof den Einsatz von Lügendetektoren untersagt – was die US-amerikanischen Verbündeten völlig kaltließ. Allerdings wissen wir nicht, wie der Test verlief und welche Resultate er brachte. Horst Hesse kommentierte später diese Übung, er sei weder ein kalter Hund noch Superman, aber er müsse wohl durchgekommen sein, andernfalls hätte ihm die MID das Vertrauen entzogen. Allein das Wissen, dass sie nichts Konkretes über ihn in der Hand hatten, habe ihm die notwendige Gelassenheit gegeben – wenngleich auch ihm der Schweiß auf die Stirn trat und der Puls schneller schlug als üblich.

In den USA existiert übrigens eine Lobby-Organisation für diese Geräte: die »American Polygraph Association«. Die APA zählt heute 2800 Mitglieder. Sie war jahrelang involviert in etliche Gerichtsverfahren. Ungefähr zu jener Zeit, als Horst Hesse mit dem Lügendetektor in Würzburg verkabelt wurde, demonstrierte Chris Gugas, nachmals Präsident der APA, der Öffentlichkeit ein solches Gerät in Groucho Marx' Comedy-Show »You bet your life« – einem TV-Wissensquiz, gesponsert von der Autofirma »Plymouth«. Die Show wurde 1961 eingestellt, die Marke »Plymouth« verschwand 2001 vom Markt.

Aktion »Schlag«

Hansen hat es sich im Garten unter einem Sonnenschirm bei Coca Cola und einigen Illustrierten bequem gemacht. Er tritt zum Gitter, als Collins ihm aus dem Wagen heraus zuwinkt.

»Hüten Sie das Haus!«, ruft Collins und lässt den Motor aufheulen. Hansen schaut nachdenklich dem Wagen hinterher. Wenig später hüpft Peggy, erstaunlich vollbusig, die Stufen der Villa hinunter. Sie ist stark geschminkt und offensichtlich gewillt, irgendein Glück kurzerhand beim Schopf zu fassen. An der Ecke der Straße, das hat Hansen bereits gesehen, wartet schon der geiernasige Doktor in seinem Wagen. Wie er ausgerechnet auf das Mädchen Peggy verfallen ist – das hätte sich wahrscheinlich nicht einmal Colonel Rock erklären können.

Peggy winkt augenrollend Hansen zu. »Bye, bye!« Hansen schwenkt die Illustrierte. »Viel Glück!«

Er streckt sich im Liegestuhl aus. Ein Blick auf die Armbanduhr sagt ihm, dass noch ausreichend Zeit ist. Noch einmal lässt er sich das Vorhaben in jeder Einzelheit durch den Kopf gehen. Nach menschlichem Ermessen kann einfach nichts schiefgehen, wenn sich auch Frantisek noch davonmachen würde.

Der Name ist kaum gedacht, da taucht der Tscheche am Eingang des Gartenhauses auf. Er hat ein Bündel Rosenstöcke unterm Arm und nähert sich langsam dem Platz, den Hansen sich ausgesucht hat. Lieblos hantiert er am Rosenbeet herum.

Hansen ruft ihn an. »Was ist los mit dir, Frantisek? So ein herrliches Wetter, und du siehst aus wie auf deinem eigenen Begräbnis. Hast du was auf dem Herzen?«

Frantisek lässt rasch die Rosenstöcke fallen und kommt heran. Natürlich hat er etwas auf dem Herzen. Er hat da, lange vor dem elenden Zwischenfall mit der Hundedame, ein Mädchen von der Tankstelle kennengelernt. »Fast so ein Mädchen wie das in Pardubice, Mister Hansen!« Mit ihr ist er heute verabredet. »Sie heißt Gisela, Mr. Hansen. Und Haare, soo!«

Hansen kratzt sich hinter dem Ohr. »Ich weiß nicht, Frantisek, ich weiß nicht. Du hast drei Wochen Ausgangssperre. Wir müssen froh sein, dass du so davongekommen bist. Und wenn du Dummheiten machst?«

Frantisek schlägt sich gegen die Brust. »Ich mache keine Dummheiten, Mr. Hansen. Bestimmt! Nur Cola. Gisela bloß heute frei, sonst rennt sie wieder weg. Ist nicht leicht so allein, Mr. Hansen!«

Wer weiß das besser als er? Hansen nickt.

»Okay. Aber ohne Wagen. Und morgen früh bist du zurück. Nüchtern. Brauchst mich nicht zu wecken. Machst einfach die Wache weiter, bis ich dich wieder ablöse. Verstanden?«

Frantisek wird vor Freude gesprächig. »Herr Hansen, Sie sind der einzige ...«

Hansen winkt ab. »Ja, ja, ich bin der Einzige hier, ich weiß. Hau schon ab!« Er schaut ihm nach und denkt: »Abhauen, ja, das wäre überhaupt das Beste für dich.«

Es vergehen keine zehn Minuten, und der junge Tscheche huscht in seinem besten Anzug aus dem Tor. Hansen steht auf, schlendert durch den Garten, schaut durch das Gitter über die Straße und geht dann langsam zur Villa. Die Niederlassung »Concordia« mit all ihren verbotenen, vergrabenen, versteckten Schätzen gehört für diesen Nachmittag ihm. Es gilt, diese Schätze zu bergen!

Sein Fuß stößt gegen das Bündel Rosenstöcke, das Frantisek achtlos beim Beet liegen gelassen hat. Er bückt sich, löste einen der runden Stäbe aus dem Bündel und prüft ihn. Der Gedanke liegt nahe für den ehemaligen Dreher, der häufig schwere Maschinenteile mit Hilfe von Rollen transportiert hat: Diese runden, mittelstarken Pfähle sind geeignet, auch einen schweren Kühlschrank zu bewegen. Er legt den Stab zurück und geht schnell in die Villa.

Der Doktor hat für sein Weekend-Picknick mit Peggy sinnigerweise den gleichen See gewählt, in dessen unmittelbare Nähe sie während jener frühmorgendlichen Exkursion den gefesselten Schuck gebracht hatten.

Schuck war als Maulwurf des BND in der MID enttarnt worden und musste liquidiert werden. Die Route ist ihm dadurch bekannt.

Er hält dicht am Seeufer und kramt die Camping-Ausrüstung aus dem Wagen, Luftmatratzen, Stühle, einen Tisch und dergleichen. Vor allem den Proviantbeutel. Er hat ihn reichlich mit allerlei guten Dingen gefüllt. Besonders mit den kleinen handlichen Flaschen, die so gut zu leiden sind und verschiedene süße und scharfe Flüssigkeiten enthalten. Peggy sträubt sich zuerst, doch der Doktor wird böse. Mit einer alkoholfreien Zimperliese hat er wahrhaftig nicht gerechnet. Das sagt er unumwunden, und Peggy muss ihm zum Teil recht geben, zudem ist sie von Collins Vorzimmer her nicht gerade zur Enthaltsamkeit erzogen. Außerdem ist der Himmel so herrlich blau, die Sonne scheint, in den stillen Tannen singen und zwitschern die Waldvögel, der See glänzt silbern durch die Bäume. Kein Grund, den Doktor zu verärgern.

Auch sie trinkt, verschwindet dann im Auto und kehrt im flotten Luftanzug zurück, angenehm proportioniert, annähernd eine Brigitte Bardot. Der Doktor schnalzt genießerisch mit der Zunge und dreht das Kofferradio auf volle Lautstärke. Ein trauriger Teenager singt einen elegischen Schlager. »Auch du wirst mich einmal verlassen, auch du lässt mich morgen allein …«

Ein ganz anderes Lied singt sich Major Collins, der mit überhöhter Geschwindigkeit auf der Autobahn dahinjagt. Der wunderbaren, im samtenen Schein der niedergehenden Sonne liegenden Vorgebirgslandschaft schenkt er keinen Blick. Seine Augen sehen außer der zuckenden Tachonadel andere Bilder. Es kommt ihm vor, als habe er zwei oder drei Ewigkeiten auf diese Fahrt warten müssen. In einer guten Stunde kann er Garmisch erreicht haben, dann wird er zumindest für eine Nacht die Unannehmlichkeiten des Dienstes vergessen. Er stimmt einen gräulichen, schmetternden Gesang an. Die Tachometernadel klettert auf 130. Niemand im Headquarter würde etwas spitzkriegen. Hansen ist gewitzt genug, seine Abwesenheit zu verheimlichen, wenn es darauf ankäme.

Hansen hat um diese Zeit den Inhalt seines eigenen Safes bereits in einem geräumigen Seesack verstaut. Nun geht er in Collins Büro. Der Sicherheitsschlüssel des Experten Max tut seine Pflicht. Der Seesack füllt sich. Schicht um Schicht legt Hansen die Akten hinein, die Karteien, die Pläne, die Berichtslisten, das letzte Stückchen Papier kann irgendwie von Bedeutung sein, das werden andere entscheiden. Jetzt muss es mit.

Plötzlich lauscht er. Ein Fluch drängt über die Lippen. Ausgerechnet jetzt muss ein Wagen vor dem Tor vorfahren. Der Wagen hält. Hansen reißt den Seesack hoch und eilt aus dem Zimmer. Schräg gegenüber im Flur befindet sich die Herrentoilette. Er reißt die Tür auf, wirft den Sack hinein, schlägt die Tür wieder zu. Den Schlüssel zieht er ab und steckt ihn in die Tasche. Da wird auch schon die Flurtür aufgestoßen, und Peggy, mit einem jämmerlich verheulten Gesicht, stolpert in den Flur. Ohne Hansen anzusehen, verschwindet sie in ihrem Zimmer und schlägt die Tür knallend hinter sich ins Schloss. Hansen kann hören, wie sie drinnen laut und kläglich aufschluchzt. Dieses vorzeitig beendete Picknick passt durchaus nicht in Hansens Pläne. Er geht hinaus, um nach dem Doktor zu sehen.

Als er zum Tor kommt, windet sich der Doktor gerade aus seinem Wagen. Er scheint total betrunken zu sein. Sein Gesicht ist gerötet. Er wankt ein paar Schritte auf das Tor zu, winkt dann jedoch ab, stößt einen lästerlichen Fluch aus und schwankt zurück. Hansen ruft ihn an. »Hallo, Doc!«

Der Doktor hebt den Kopf, sinniert, entsinnt sich und grinst. »Hallo, Kraut!«

»Peggy weint. Etwas nicht in Ordnung?«

»Nicht in Ordnung?« Der Betrunkene kichert. »Wissen Sie, was nicht in Ordnung ist? Sie müssen es lernen! Beim ersten Kuss!« Er schlägt sich knallend gegen die Brust. »Beim ersten Kuss geht das Herz bumbum. Beim zweiten Kuss verständigt man sich mit der Dame!« Er fuchtelt mit den Armen. »Beim dritten zieht man sie aus!«

Er lacht wieder, schallend und prustend. Dann kriecht er in den Wagen, kramt am Boden herum und wirft Hansen einen Schaumgummi-BH übers Gitter.

»Geben Sie der Dame ihr verdammtes Ding zurück!«

Dann rutscht der Doktor vollends in den Wagen, tippt sich grüßend an die Stirn und startet.

Der Wagen springt an und schlingert davon.

Hansen geht zur Villa zurück. Aus dem Büro hört er Peggy noch immer schluchzen. Er geht in sein Dienstzimmer, nimmt aus dem Schreibtisch eine angebrochene Packung Zigaretten und eine halb geleerte Flasche Whisky. Einem anderen Fach entnimmt er Injektionsspritze und Ampulle. Er zieht eine Zigarette halb aus der Packung und präpariert sie mit Hilfe der Spritze. Den Rest des Ampulleninhalts leert er in die Whiskyflasche. Diese Dosis müsste für einen tiefen Schlaf bis zum nächsten Tag reichen. Wenig später klopft er leicht an die Tür. »Peggy!«

Schluchzen, heiseres, verzweifeltes Schluchzen. Hansen drückt auf die Klinke, die Tür ist offen.

Peggy hockt am Schreibtisch, flachbrüstig wie eh und je. Sie verbirgt das verquollene, unglückliche Gesicht in den Händen.

Hansen streicht ihr tröstend über den Scheitel. Das Schluchzen lässt nach.

»Das ist der Doktor nicht wert, dass Sie um ihn weinen, Peggy!«, mahnt Hansen. »Der Kerl taugt nichts.«

Er entdeckt auf dem Schreibtisch ein Glas, füllt es mit Whisky und schiebt es dem Mädchen zu. »Trinken Sie, Whisky hilft in solchen Fällen. Glauben Sie mir.«

Peggy hebt endlich den Kopf, greift zögernd zum Glas, schluckt den Whisky und verzieht die bunten Lippen.

Hansen hält ihr die Zigaretten griffgerecht hin, die präparierte halb herausgezogen. »Rauchen Sie eine.«

Sie greift zu. Hansen beeilt sich, ihr Feuer zu geben.

Schwermütig blickt Peggy vor sich hin und zieht den Rauch in tiefen Zügen ein. Bald legt sich ein leichter Schleier über ihre Augen. Sie legt den Kopf in die Arme und seufzt tief. Hansen ist ans Fenster getreten und blickt in den Garten hinunter. Als er sich wieder umwendet, schläft Peggy bereits fest und traumlos. Hansen nimmt die Schlafende behutsam auf und trägt sie in sein Zimmer. Hier legt er sie auf die Wandcouch, streift ihr die beschmutzten Schuhe von den Füßen und deckt sie sorgsam zu. Wenn sie diesen tiefen Schlummer noch ungestört und behaglich genossen hat, werden am nächsten Tag einige Kümmernisse auf sie zukommen. Kümmernisse, die er ihr nicht ersparen kann.

Der Zwischenfall hat ihn aufgehalten. Schon nähert sich der kleine Uhrzeiger der fünf. Er hat den Volkswagen, den er ständig für den Dienst und oft auch so benutzt, in der Straße hinter der Villa abgestellt. Dort lässt er ihn häufig stehen, um die vordere Einfahrt freizuhalten. Wenn Collins ihn da zufällig entdeckt hätte, wäre das nicht verdächtig gewesen.

Hansen jagt durch die sonnabendlich belebten Straßen zum Markt und hätte kurz vor der verbreiterten Einfahrt zum Parkplatz beinahe einen eleganten Dauphine gestreift, der regelwidrig vor einem der bunten Verkaufsbasare parkt. Er drosselt die Geschwindigkeit und sieht empört über die Schulter zurück. Die Fahrerin des Dauphine lächelt ihm zu. Dann gibt sie Gas und ist gleich darauf im Verkehrsgetümmel verschwunden.

Hansen findet den Kombi mit dem Berliner Kennzeichen an der verabredeten Stelle. Es ist ein fast neuer, jedoch schon eingefahrener Wagen, der vollauf für seine Zwecke geeignet ist. Hansen schließt seinen VW ab, wechselt in den Kombi und ist fünf Minuten später wieder vor der Villa. Hier lenkt er den Wagen so zwischen Hauptgebäude und Gartenhaus, dass sich die breite, rückwärtige Tür zum Gartenhaus hin öffnen lässt. Wenn er jetzt noch zwei Planken als Brücke von den Stufen zur Ladefläche legt, muss es möglich sein, den schweren Kühlschrank fachgerecht zu verladen. Er macht sich daran, einige von Františeks Rosenstöckchen als Transportrollen zurechtzustutzen. Dann bricht er, ohne jede Bemühung, den Einbruch noch zu verschleiern, gewaltsam das Schloss zu Collins Unterkunft auf, öffnet weit alle Türen und macht sich an die schwere Arbeit, den Kühlschrank (ein dramaturgischer Einfall der Filmschöpfer, aus dem Tresor einen Gefrierschrank zu machen, mehr nicht) aus dem Zimmer in den Wagen zu schaffen. Für einen einzelnen Mann scheinbar eine unlösbare Aufgabe. Bald perlt Hansen der Schweiß in hellen Tropfen von der Stirn. »Heiße Sachen bewahre ich kalt auf!«, flüstert er sich zu und geht erneut daran, die stählerne Kiste zu kanten und die Rollen passgerecht unterzuschieben. Ruckweise geht es voran.

Hansen hatte den Kühlschrank beinahe bis zum Ausgang des Gartenhauses gerollt. Nur das schwierige Stück über die Bohlenbrücke ist noch zu bewältigen. Schwer atmend geht er daran, erneut die Rollen unter den Schrank zu schieben. Als er sich aufrichtet, sieht er hinter dem Gebüsch zwei braunbestiefelte Beine, die sich schleichend vorwärtsschieben. Das muss der Tscheche sein. Kein Zweifel, Frantisek ist unvermutet zurückgekommen. Hansen bleibt für Sekundenbruchteile gebückt stehen, dann richtet er sich langsam auf, als habe er nichts gemerkt.

Frantisek hat die kleine Pforte an der rückwärtigen Hausfront benutzt und schon das eigenartige Poltern aus dem Gartenhaus gehört, ehe er noch den Garten betreten hat. Was geht da vor? Wo war Mr. Hansen? Was ist da wieder im Gange? Die dröhnenden Worte Collins kommen ihm in den Sinn: Und wenn sich mal wieder jemand in unseren Garten verirrt, was machst du dann ohne zu fragen? Frantisek greift unter das Jackett, zieht die Pistole aus dem Halfter und entsichert. Ein verlorenes Lächeln huscht über sein Gesicht, als er an Gisela denkt. Er ist seinem Schicksal ausgeliefert wie Schuck, wie Hansen, wie alle hier, da hilft nun nichts. Mitgefangen, mitgehangen ... Vorsichtig schleicht er, gedeckt von den Büschen, an das Gartenhaus heran, sieht den Kombiwagen im Zwischengang stehen und durch die offene Flurtür Hansen mit dem Kühlschrank hantieren. Was bedeutet das? Was soll er tun? Ausgerechnet Mr. Hansen. Ist denn die ganze Welt verrückt geworden?

Er bleibt hinter einem Busch stehen und hebt die Pistole in Schusshöhe. Irgendetwas kann doch nicht stimmen. Der fremde Wagen. Der Kühlschrank. Hansen, der sich allein mit dem schweren Ding abmüht zu einer Zeit, da alle anderen das Haus verlassen haben. Nein, irgendetwas stimmt hier nicht!

Jetzt bückt sich Hansen und dreht ihm dabei den Rücken zu. Das ist der geeignete Moment. Frantisek streckt die Pistole durch das Geäst, der Lauf zittert. Mit heiserer Stimme ruft er: »Hände hoch, Mr. Hansen!«

Hansen blickt kurz auf, dann tut er, als interessiere ihn weder die Pistole noch Frantisek. Er versucht, den Kühlschrank an der einen Seite hochzustemmen und ruft freundlich: »Du bist wohl verrückt geworden, mein Junge! Quatsch hier nicht rum. Steck das Eisen weg und pack gefälligst mit an!«

Frantisek reißt verdutzt die Augen auf. Hansens Ruhe verunsichert ihn. Er senkt die Waffe.

»Hast wohl wieder gesoffen?«, fragt Hansen unwirsch hinter dem Schrank.

Frantisek beginnt irritiert, sich zu verteidigen. »Nicht einen Tropfen. Nur Cola!«

Er lässt die Waffen nun vollends sinken, auf diesen Augenblick hat Hansen gewartet. Auch wenn ihn die zitternde Pistolenmündung des Tschechen nicht in Verlegenheit gebracht hatte, bestand die Gefahr, dass ein Schuss, selbst wenn er in den blauen Himmel abgefeuert wird, Neugierige in der Nachbarschaft alarmiert. Hansen springt seitlich am Schrank vorbei, schlägt mit einem kurzen Hieb dem Tschechen die Waffe aus der Hand und schnellt gleichzeitig die rechte Faust zu einem wuchtigen Kinnhaken vor. Frantisek verdreht die Augen und sackt ohne Laut zu Boden.

Das Empfinden, sein Vorhaben stehe unter einem schlechten Stern – zuerst das unvermutete Auftauchen Peggys, dann Frantiseks vorzeitige Heimkehr –, verdoppelt Hansens Kräfte. Mit einer letzten gewaltigen Anstrengung wuchtet er den Schrank über die Brücke in den Laderaum. Dann eilt er in die Villa, holt aus der Toilette den vollgestopften Seesack und verstaut auch diesen. Aufatmend wischt er sich über die schweißtriefende Stirn, schließt die Tür des Wagens ab und kümmert sich dann um Frantisek, der gerade verdutzt die Augen aufschlägt und sich das lädierte Kinn massiert. Hansen hilft dem Verwirrten auf die Beine und führt ihn in den Flur des Gartenhauses, zur Ecke, wo die Pritsche bereitsteht. Noch immer lächeln die Tänzerinnen von der Wand, noch immer hängt dort die MPi und liegen auf der Stellage die beiden Tränengasbomben. Frantisek stiert verständnislos das vertraute Bild an, dann streift sein Blick Hansen und er sieht die aufgebrochene Tür von Collins Zimmer. Allmählich begreift er. Er lässt sich schwerfällig auf die Pritsche fallen und schüttelt den Kopf. »Alles Verräter hier.«

»Verräter oder nicht. Du hast zwei Möglichkeiten, Frantisek. Entweder ich sperre dich in den Keller. Dann legt dich Collins um, das weißt du genau. Oder du steigst mit mir in diesen Wagen da draußen. Artig wie ein Baby. Ohne Affentricks. Und lässt dir unterwegs erklären, wer hier Verräter ist und wer nicht. Du hast genau zwei Minuten. Entscheide dich!«

Frantisek schließt die Augen und müht sich in Eile, die Gedanken zu ordnen. Das ist etwas viel für einen sonnigen Sonnabendnachmittag, den er eigentlich mit Gisela verbringen wollte. Was heißt hier: entscheide dich? Was gibt es denn zu entscheiden? Collins würde ihn kaltblütig um die Ecke bringen, wahrscheinlich gleich in der ersten Rage niederknallen. Ähnliches ist hier im Hause schon einmal geschehen. Schuck hatte es in einer besoffenen Stunde verraten. Und Hansen? Der ist bisher immer der anständigste Kerl im Bau gewesen, das steht fest. Es gibt nichts zu entscheiden. Er erhebt sich. Hansen nickt und schiebt ihn zum Wagen. Im Vorbeigehen ergreift er die MPi und die beiden Gasgranaten. »Wer weiß, wozu die Dinger gut sein können …«

*

Diese Darstellung der ersten Etappe der »Aktion Schlag« ist aus dem DEFA-Film »for eyes only« und genießt das Privileg der künstlerischen Freiheit. Hätte man dem Kinopublikum in der DDR den wirklichen Verlauf der Aktion erzählt, hätte sich kaum jemand den Film angeschaut. Denn er war weniger spektakulär als dargestellt. Das wirkliche Leben, auch das von Agenten, ist meist profan.

Lag den Drehbuchautoren Harry Thürk und János Veiczi vor allem daran, die Sache so dramatisch wie möglich zu gestalten, verfolgten die beteiligten Protagonisten genau das Gegenteil: unauffällig, unspektakulär, konspirativ eben. Ein falsches Wort, eine verdächtige Aktion und der Feind wäre gewarnt, was den Kundschafter Horst Hesse in höchste Gefahr gebracht hätte. Außerdem waren verschiedene andere Dinge zu bedenken: Zu welchem Zeitpunkt konnte Horst Hesse unbemerkt in den Besitz der Akten der Würzburger MID-Zentrale kommen? Wie sollte er sie transportieren, wo die Staatsgrenze passieren? Welche Personaldokumente musste er dafür bekommen?

Die wahre Geschichte der »Aktion Schlag« ist nur schwer zu rekonstruieren, denn es kursieren verschiedene Varianten. Übereinstimmung besteht allenfalls beim Datum: Die Aktion erfolgte am 20. Mai 1956, zu Pfingsten. Und »Jürgen« handelte nicht allein.

Beteiligt war auch Hans Wax, den das MfS unter dem Decknamen »Donner« als Geheimen Mitarbeiter führte. Später werden die GM als IM, als inoffizielle Mitarbeiter, bezeichnet werden.

Hans Wax, Jahrgang 1927, wurde im Saarland geboren, in Berlin zum Autoschlosser ausgebildet und 1943 als Dieb von Sende- und Abhörgeräten verknackt. Aus der Nazihaft versuchte er nach dem Krieg politisches Kapital zu schlagen, indem er sich als antifaschistischer Widerstandskämpfer gerierte.

Er war inzwischen achtzehn Jahre alt und arbeitete als Automechaniker bei den US-Streitkräften, doch die Katze ließ das Mausen nicht ... 1948 saß er erneut ein. Nach drei Jahren kam er wieder frei und eröffnete in der Westberliner Kantstraße eine Autowerkstatt. Das Gebäude, das man noch heute in Augenschein nehmen kann, war im Jahre 1930 als erstes Garagenhochhaus Berlins errichtet worden. Dort fanden 400 Autos auf sechs Etagen Platz. Auf- und Abfahrt erfolgten über getrennte Spiralen – seinerzeit eine Sensation. Entworfen hatte die City-Garage für die Reichen des Berliner Westens der junge Architekt Richard Paulick, damals 27 Jahre alt und Leiter des Berliner Büros von Walter Gropius. Paulick, der 1933 emigrieren musste, kehrte 1949 in die DDR zurück. Hier avancierte er zum »Staats-Architekten«. Er war maßgeblich beteiligt am Bau der Stalin-Allee, leitete den Wiederaufbau der Deutschen Staatsoper Unter den Linden. Ab 1957 plante er den Aufbau der Chemiearbeiterstadt Hoyerswerda, ab 1963 war er für die städtebauliche Entwicklung von Halle-Neustadt verantwortlich ...

Ob Wax das wusste? Es dürfte ihn nicht interessiert haben. Er klaute und schob weiter. Über die offene Sektorengrenze betrieb er einen florierenden Handel. Als er jedoch einmal versuchte, einen gestohlenen Lkw in Ostberlin loszuwerden, lief ihm der Metzger Paul Nitsch über den Weg. Nitsch boxte nicht nur, sondern arbeitete auch für das MfS, dort hieß er »Fred Thornau«, Deckname »Blitz«. Er schleppte den Schieber Wax zu den Genossen, die solche Leute brauchten. Denn, so hatte General Bruno Beater einmal erklärt, Banditen kann man nur mit Banditen bekämpfen.

So verpflichteten sie GM »Donner«, der ihnen vom GM »Blitz« zugeführt worden war, als Mann fürs Grobe: Er wurde eingesetzt, wenn es um Einbrüche, Sprengungen, um schnelle Autos oder die Anwendung von körperlicher Gewalt ging. Seit dem November 1955 erfüllte er Sonderaufgaben, die er »mit operativer Wendigkeit, Mut, Draufgängertum und gutem Einschätzungsvermögen« erfüllt habe, wie sein Führungsoffizier 1984 erklärte.

Was waren das für Sonderaufgaben?

Zum Beispiel Entführungen. Diese Form politischen Menschenraubs richtete sich vor allem gegen Verräter aus den eigenen Reihen und entkommene Spione.

Wax stellte seine besonderen Fähigkeiten bei der Entführung des dänischen Staatsbürgers Werner Rieker unter Beweis. Als Chef der »Gruppe Donner«, der neben GM »Blitz« noch ein erfolgloser Gemüsehändler mit Decknamen »Teddy« angehörte, kidnappte er 1955 Rieker, den die Abwehrspezialisten für einen Mitarbeiter der Organisation Gehlen hielten. Er war ein Geheimdienstler, da hatten sie sich nicht getäuscht. Aber er hatte in der DDR jemanden für den dänischen Geheimdienst angeworben, nicht für die OG, die gerade dabei war, sich in den BND, den Bundesnachrichtendienst, zu verwandeln.

Die Abwehr hatte die Lebensgewohnheiten des Agenten erforscht, sie kannten seine Wohnung, seinen Schäferhund, die Schöneberger Bars und Kneipen, in denen der trinkfeste Däne verkehrte. Und sie wussten, dass Rieker immer eine geladene Pistole bei sich hatte. Mehrere Versuche, Rieker in die DDR zu entführen, waren bereits fehlgeschlagen. Darum setzte man nun die »Gruppe Donner« auf den Agenten an, der sich zwischenzeitlich nach Kassel abgesetzt hatte, um im dortigen Aufnahmelager für Ost-Flüchtlinge Agenten anzuwerben.

Wax präparierte für diesen Coup einen Mercedes: Schusssichere Reifen wurden aufgezogen, und der Kofferraum wurde so ausgeschlagen, dass kein Laut nach draußen drang, sollte der Wagen an der Grenze angehalten werden. Bei Alsfeld, südlich von Kassel, rammte Wax Riekers Fahrzeug, schlug den Ahnungslosen zusammen und warf ihn in den präparierten Kofferraum. In der DDR-Hauptstadt wurde Rieker zu fünfzehn Jahren Haft verurteilt. Nach neun Jahren kaufte ihn die Bundesregierung frei.

Seine Fertigkeiten im Umgang mit Sprengstoff wiederum bewies Wax drei Jahre später. Das Ziel war der Sender Freies Russland der antisowjetischen Widerstandsbewegung NTS in Sprendlingen bei Offenbach. NTS stand für »Narodno-Trudowoj Sojus«, etwa »Volksarbeitsbund«. Der Verein, dessen Vorläufer als »Verbund Russischer Jugendverbände« 1930 in Belgrad gegründet worden war, verschrieb sich dem Kampf gegen die Sowjetmacht und setzte sich für ein »freies Russland« ein. Freies Russland hieß auch der Sender. Am 26. Juni 1958 brachte Wax vier Sprengladungen am Fuß des Sendemastes an.

Doch der Turm blieb stehen. Daraufhin versuchte er es gemäß seinem Motto »Lieber hundert Prozent Sprengstoff zu viel als zu wenig« mit einer geballten Ladung. Sowohl Mast als auch die Baracke mit der Sendetechnik daneben waren daraufhin weg. Trotz guter Bezahlung für seine Dienste – die Aktion gegen den NTS-Sender trug ihm allein 15 000 D-Mark ein –, häufte Wax aufgrund seines aufwendigen Lebensstils in Westberlin Schulden über Schulden an. Im Sommer 1961 waren allein 250 000 Mark Steuerschulden aufgelaufen. Das war bedrohlich, denn der Fiskus ließ auch damals nicht mit sich spaßen. Außerdem hatte er bei einem Einbruch in Westberlin einen Menschen getötet. So wurde der Kfz-Meister kurz vor dem Bau der Berliner Mauer »zurückgezogen« und werkelte seitdem in Biesdorf und später im Teupitzer Ortsteil Tornow an Bootsrümpfen aus Plastik. Aber auch in der DDR kam Wax mit dem Gesetz in Konflikt: Er hatte aus dem Westen gebrauchte Computer für das MfS eingeführt und wollte dafür 3,5 Millionen Dollar. Dieser hohe Preis sei gerechtfertigt, meinte der umtriebige Wax, weil auf den Festplatten wichtige Daten des Mossad, des israelischen Geheimdienstes, gespeichert seien. Der Schwindel flog natürlich sofort auf. Wegen Betrugs zum Nachteil sozialistischen Eigentums und Geheimnisverrats saß er zwei Jahre auch im Arbeiter- und Bauernstaat ein – die meiste Zeit davon in der Psychiatrie.

Nach seiner Haftentlassung ist Generaloberst Bruno Beater endgültig klar, dass IM »Donner« ein

Sicherheitsrisiko darstellt. Er sei ein unberechenbarer Krimineller. Ein Genosse wird von Beater persönlich damit beauftragt, den Mann »mit dem Sprung in der Schüssel« zu betreuen.[32] Der beschreibt später seinen Schutzbefohlenen als schizophren. Die Treffs seien immer nach dem gleichen Muster abgelaufen: Anpöbelei, Vorwürfe, Selbstmitleid, Trost. Schließlich musste er feststellen, dass Wax, den das MfS aufs Abstellgleis geschoben hatte, beim sowjetischen Dienst versuchte, seine Ideen zu Geld zu machen.

Das Allround-Talent und »Arbeitstier« Hans Wax, Kettenraucher und Kaffee-Junkie, starb 1984 an einem Bronchialkarzinom.

Soweit zum GM »Donner«, der Pfingsten 1956 Horst Hesse half, die Würzburger MID-Residentur auszuräumen. Seine Vita war wahrlich kein patriotisches Ruhmesblatt, weshalb der Wunsch der Öffentlichkeitsarbeiter des MfS verständlich war, diesen Kriminellen besser nicht zu erwähnen. Die Drehbuchautoren machten ihn im Film zum Tschechen Frantisek, der mehr oder minder freiwillig dem DDR-Kundschafter behilflich war.

Frantisek ersetzte dramaturgisch das Trio »Donner«, »Blitz« und »Teddy«.

Allerdings verrät deren Einsatz, dass die Führung der »Aktion Schlag« nicht bei der Linie II in Magdeburg lag, sondern bei der Zentrale in Berlin. Und wohl auch dort wird im Februar 1956 die Entscheidung getroffen worden sein, mit einem Paukenschlag den Einsatz von »Jürgen« zu beenden – aus den genannten politischen Erwägungen.

Die Aktion sollte kurzfristig erfolgen, es heißt, man hätte noch im Februar zuschlagen wollen, doch dann habe man sie verschoben, weil die MID angeblich gewarnt worden sein soll. Für diese Behauptung gibt es keine Belege, unbekannt folglich auch, wer da wen inwiefern gewarnt haben soll. Der Umstand, dass Hesse zum »Lügentest« musste, wird als Indiz für diese Annahme herangezogen. Aber danach wurde Hesse de facto Stellvertreter von Major John C. Walker.

Möglich auch, dass der Umzug der Residentur von der Fries- in die Eisenmannstraße die Sache verzögerte. Und danach musste ein neues Konzept entwickelt werden. Denn man witterte ein neues Problem: Nicht nur der DDR-Kundschafter bezog dort eine Wohnung – auch die junge Sekretärin des Chefs tat es. Horst Hesse hatte sich dem MfS verpflichtet, nicht dem Herrgott, er lebte weder zölibatär noch monogam. Er war zeitlebens »ein Charmeur«, wie es wohlmeinende Zeitgenossen ausdrückten. »Fang nüscht mit Weibern an«, hatten ihm die Genossen eingebläut. Wie es ausschaut, hielt er sich zumindest in Würzburg daran.

Als neuer Termin wurde der 19. Mai bestimmt, der Samstag vor Pfingsten.

Hesse gewährte – in Abwesenheit von Major Walker – allen Mitarbeitern Pfingsturlaub und »opferte« sich selbstlos als »Stallwache«. Damit hatte er freie Hand und musste nur noch die ledige Sekretärin ruhigstellen. Was dadurch gelang, dass er sie nicht nur sprichwörtlich unter den Tisch trank.

Dann trat »Donner« auf den Plan. Hesse war bei einer Berlin-Reise mit Wax bekanntgemacht worden. Mit fast verheerenden Folgen. Der großmäulige Wax erklärte, dass er Hesse für eine Fehlbesetzung halte. Warum, wieso – die Antwort blieb er schuldig, zumindest ist keine überliefert. Um ihn und das Trio doch noch für die Aktion »Schlag« zu gewinnen, schlug man Wax vor, das Objekt in Würzburg selbst in Augenschein zu nehmen. Das war eine Schnapsidee. Sollte Hesse ihn etwa durch das Objekt führen? »Entschuldigen Sie bitte die Störung, Major, aber Herr Wax aus Ostberlin und ich möchten zu Pfingsten die Akten klauen, und darum will er sich vorher alles einmal anschauen!« Eine Dienstreise nach Würzburg fiel also aus.

Eine halbe Stunde vor der Aktion trafen sich Hesse und das »Donner-Trio« in der Eisenmannstraße. Die Sekretärin ruhte in Morpheus' Armen, und die Geheimdienstler weilten im Pfingsturlaub. Nach Wax' späterer Darstellung stand die Sache dennoch unter keinem guten Stern. »Jürgen« habe den Coup nicht professionell vorbereitet. Es waren nämlich zwei Panzerschränke zu transportieren – Hesse hatte nur von einem gesprochen. Auch die Maße, die er signalisiert habe, hätten nicht gestimmt. Und das bei dem peniblen Feinmechaniker? Vor allem aber erregte Wax der Umstand, dass die Tresore im Military-Green der US-Army gestrichen waren. Was hatte er erwartet? Etwa rote oder gar welche in schwarz-rot-gold? Noch 1984, in seinem Todesjahr, gab Hans Wax zu Protokoll, dass Horst

Hesse nicht funktioniert habe, Hesse habe die Hose voll gehabt. Wenn er, der Hansdampf in allen Gassen, auf IM »Jürgen« gehört hätte, stünde er noch immer – fast dreißig Jahre später – in Würzburg und wartete auf das Zeichen zum Start. Der Erfolg der Aktion sei allein das Verdienst »von Genossen Kiefel und Genossen Beater«, wie er kurz vor seinem Tod in einem geheimen Interview bekannte. Schließlich habe er, Hans Wax, seinem Fahrer den Marschbefehl gegeben und die Sache im wahrsten Sinne des Wortes ins Rollen gebracht. Es ist zu vermuten, dass verletzte Eitelkeit der Grund für diese Reformande war. Wax alias »Donner« fand nirgendwo Erwähnung, als hätte es ihn nie gegeben. Das schmerzte.

So schmähte Wax denn die Zentralfigur, er machte sie klein. In Würzburg habe er »einen verdutzten Hesse« vorgefunden, und bei der Fahrt in Richtung Marienborn habe dieser »verschüchtert« neben ihm gesessen.

Im Film jedoch erscheint Horst Hesse, nicht er, als der alleinige Held: »Wieder zu schnell! Der Mann am Steuer des Straßenkreuzers nimmt den Fuß vom Gaspedal. Am liebsten würde er es voll durchtreten, rausholen aus dem Schlitten, was rauszuholen ist. Und das wäre eine Menge mehr, als er jetzt fährt. Viel mehr, als die Polizei erlaubt. Vielleicht fahnden sie schon nach ihm. Und nicht nur in der amerikanischen Zone. Vielleicht stehen sie schon an der Grenze und warten …

Aber er darf nicht. Nicht das Geringste darf er tun, was die Polizei nicht erlaubt. Obwohl alles verlockt, schneller zu fahren: Es ist Nacht, die Autobahn ist frei, kaum, dass er mal abblenden muss. Gleichmäßig surrt der Wagen dahin.

Nur noch ein paar Kilometer. Nur die paar Kilometer noch, dann wird er alles tun können, was ihm einfällt: anhalten, aussteigen, einen Kopfstand machen, ein Rad schlagen, einen Tanz auf dem Wagen aufführen. Alles, alles wird er tun können. Dann. Oder nicht anhalten, nicht aussteigen, weiterjagen, Gas geben, sich meinetwegen erwischen lassen von den Polizisten, den gestrengen. Aussteigen, sie umarmen, sie küssen, die Verdutzten. Alles wird er tun dürfen.

Horst Hesse lächelt, trotz der Anspannung, bei diesem Gedanken nun doch. Er kennt sich. Er weiß, er wird das alles nicht tun. Ers ist nicht der Typ, der so reagiert. Er wird nicht das kleinste Risiko eingehen, bevor er nicht endgültig am Ziel ist.«[33]

Kein Wunder, dass diese Beschreibung dem Egomanen Hans Wax überhaupt nicht gefiel, logisch, dass seine Darstellung seinen Anteil hervorheben soll. Es macht sonst keiner. Jedenfalls nicht zu Lebzeiten.

Im Jahr 1996, zwölf Jahre nach Wax' Tod, macht ihn der *Spiegel* jedoch zu einem »007 im Stasi-Sold«[34]. Die Hamburger schreiben den Charlottenburger Autoschrauber postum zum Helden: »In seinem schicken Mercedes 190 SL rollt der Berliner Autohändler Wax, von Westen kommend, an den Schlagbaum heran. Das Heck seines Wagens schaukelt gefährlich knapp über den Asphalt, der Benz ist schwer beladen. Auf dem Beifahrerplatz sitzt ein etwas nervös wirkender Mann mit Brille *(Horst Hesse – P.B.)*.

Am westdeutschen Kontrollhäuschen lenkt Wax sein Auto auf den Mittelstreifen, steigt aus und begrüßt die Grenzbeamten per Handschlag. Den offenbar gutbetuchten, knapp dreißigjährigen Geschäftsmann aus Westberlin kennen sie hier bestens; mit seinem 190 SL, dem Traumauto jener Jahre, passiert er häufiger den Kontrollposten. Meist kommt der korpulente Mann vom Autorennen auf dem Nürburgring, oder er hat irgendwo Ersatzteile für seine Werkstatt gekauft. Woher er diesmal angereist ist, wird sein Geheimnis bleiben.

›Na, Chef, Sie haben aber heute ganz schön geladen‹, spricht ihn ein Zöllner auf die schwere Wagenlast an.

›Das sind die neuen Motorenteile aus Italien‹, erklärt der Dicke, ›ich brauche sie fürs Rennen nächste Woche.‹

Dann verteilt er ein paar Freikarten für den Nürburgring und reicht eine Zigarrenkiste herum, Marke ›Handelsgold‹.

Die Grenzer danken und wünschen gute Fahrt, in den Kofferraum schauen sie nicht, so schaukelt, von Kontrollen unbehelligt, unter der Heckhaube des Mercedes eine Fracht gen Osten, nach der westdeutsche Ermittler bald an allen Grenzposten fahnden werden.«[35]

Zum 25. Geburtstag des MfS bot das *Neue Deutschland* seine Version, wobei korrekterweise gesagt werden muss, dass die Verfasser des Beitrages in der Normannenstraße saßen. 1975 boten sie eine weitere Variante des Grenzübertritts.

»Ein Wagen jagt der Grenze entgegen. Dem Mann, der ihn steuert, sitzt der Fahndungsfunkspruch hcag 0666 im Nacken ... Der Mann gönnt sich und dem Auto keine Pause. Doch was bedeutet das: Polizei stoppt ihn, winkt ihn an den Straßenrand. Verkehrskontrolle. Jetzt die Ruhe bewahren! Der Uniformierte geht langsam um den Wagen herum, betrachtet ihn aufmerksam von allen Seiten, wird er nach der Ladung fragen? Jeder sieht, dass das Auto hinten überlastet ist. Und schon kommt der Polizist auf den Fahrer zu: ›Toller Schlitten!‹, sagt er. ›Wenn Sie mal die Absicht haben, den Wagen zu verkaufen, dann denken Sie an mich.‹

›Ach Gott‹, atmet unser Mann auf, ›den können Sie gar nicht bezahlen.‹ Zündet sich, nach außen seelenruhig, eine teure Zigarre an, bietet auch dem Polizisten eine an und fährt weiter, Richtung DDR – mit unbezahlbarer Fracht.«[36] (Man ahnt, wer da später abschrieb und lediglich die Details modifizierte.)

In diesem Bericht des *Neuen Deutschland* werden die Kontrolle, die Bewunderung für den Benz und das gönnerhafte Verteilen von Zigarren von der Grenze auf die bundesdeutsche Landstraße verlegt. Wax jedoch kommt auch hier nicht vor.

Was dieser Bericht ebenso unterschlägt wie all die anderen, ist die Tatsache, dass das Trio zuvor einen Bauwagen knackte und dort Werkzeug stahl, mit dem man den größeren der beiden Tresore gewaltsam aufzubrechen hoffte, weil der nicht in den Kofferraum passte, was auch gelang. Der Inhalt der Stahlkiste wurde sodann in zwei Seesäcke verstaut und der aufgebrochene Tresor im Wald zurückgelassen. Dort wurde er später von den westdeutschen Ermittlern gefunden.

Der Mercedes 190 SL war ein zweisitziger Nobelwagen mit 105 PS, der es auf 170 Stundenkilometer brachte – was 1955, als das Auto auf den Markt kam, Spitze bedeutete. Als Wax damit die Grenze passierte, waren davon in Stuttgart keine zweitausend Fahrzeuge gebaut worden, insofern löste das Coupé nicht nur an der Grenze bewundernde Blicke aus. Und mehr: Denn kein Polizist wäre auf die Idee gekommen, dass im Kofferraum Diebesgut, etwa streng geheime Akten, befördert werden würde. Wer sich so ein Fahrzeug leisten konnte, hatte dergleichen nicht nötig. Die Marke war also mit Bedacht gewählt worden.

Und mit Bedacht bestimmten auch die verschiedenen Autoren die Hauptrolle unter den Akteuren. Auf der einen Seite der disziplinierte Einzelkämpfer Hesse, der das Fahrzeug und sein Temperament fest im Griff hat. Auf der anderen der Macher Wax, der jovial und kalt bis ans Herz die Grenzbeamten betört, der den »etwas nervös wirkenden« Horst Hesse vergessen lässt und trotz sichtlich überladenem Mercedes-Sport-Coupé unkontrolliert die Grenze passieren darf. An dieser Darstellung hält Wax sein Leben lang fest.

Aber eben nur er …

hcag 0666

Als Pfingsten vorüber und in der Eisenmannstraße der Diebstahl bemerkt worden ist, schlägt man in Würzburg Alarm. Eine Funkpeilkompanie in Dessau fängt am 23. Mai, dem Mittwoch nach Pfingsten, einen Funkspruch der US-Militäraufklärung ab. Der Mann am Gerät notiert:

»Offener Funkspruch HCAG 0666

Ergreifung eines deutschen Bürgers. Folgende Information vom taktischen Kontroll-Regiment ist zu Ihrer Kenntnis angeführt. Dringende Anordnung zur Festnahme, Folgendes wird zu Ihrer Kenntnisnahme mitgeteilt. Nachstehender Mann ist unter allen Umständen zu ergreifen und dem Aufklärungsstab der US-Armee in Europa zuzuführen. Dieser deutsche Staatsbürger ist bekannt als Berger und Hesese oder Hesse, Horst – geb. 16. 5. 1922 in Magdeburg. Größe: 5 Fuß, 10 Inches; 35 Jahre, Haar: dunkelbraun, Augen: blau, führt einen deutschen Wagen unbekannter Marke, deutsche Fahrtausweise. Er führt zwei

Mosler-gußeiserne Safes bei sich, Größe 24 mal 15,5 mal 15 Inches *(1 Inch = 2,54 Zentimeter – P.B.).* Es wird angenommen, dass er die Grenze nach DDR überschreiten wird, muss unter allen Umständen verhindert werden, dass er Grenze überschreitet. Dieser Mann ist ein Roter und äußerst gefährlich. Wenn aufgegriffen Festgenommenen nächster US-Armee, Aufklärungsagentur verständigen.«

An diesem Funkspruch ist einiges bemerkenswert, was zwangsläufig die Frage nach seiner Echtheit aufwirft. Handelt es sich um einen Fake der Amerikaner oder des MfS?

Die holpernde Sprache: Kann dem schlechten Übersetzung in Dessau geschuldet sein.

Der Deckname Berger, unter dem er ausschließlich bei der MID registriert war: Ist der für die Fahndung wichtig?

Das Geburtsdatum: ist falsch. Horst Hesse war am 12., nicht am 16. Mai 1922 zur Welt gekommen. Das ist wohl eher unerheblich.

Augenfarbe: nicht blau, sondern grün.

Größe: nicht (umgerechnete) 1,78 Meter, sondern nur 1,68.

Alles geschenkt. Weitaus irritierender ist die Verwendung des Kürzels »DDR«. Das hatten die Amerikaner ganz gewiss nicht verwendet. Der Staat mit dieser Bezeichnung ist für sie nicht existent. Das ist für sie die sowjetisch besetzte Zone, SBZ, oder auch nur »Zone«, wenn's hochkommt, spricht man von Ost- oder Mitteldeutschland. Aber GDR oder DDR? Never!

Nun ist auch denkbar, dass der Genosse am Empfänger aus politischer Überzeugung trotzig statt der von den Amerikanern verwendeten Bezeichnung den offiziellen Namen setzte, was zwar politisch korrekt ist, nicht aber der historischen Wahrheit entspricht und darum uns Nachgeborenen Raum für Interpretationen und falsche Schlüsse bietet. Ein Dokument aber ist es auf jeden Fall, weshalb es im Archiv der BStU[37] liegt.

Und was sagte Horst Hesse zu allem selbst?

Nahezu ein halbes Jahrhundert nach seiner spektakulären Flucht sprach er in die Kamera eines TV-Teams über die Aktion und die Bekanntschaft mit Wax: Während eines dienstlichen Westberlin-Aufenthalts wurde er auf konspirativem Wege nach Biesdorf in den Osten der geteilten Stadt gebracht. Dort traf er auf einen Mitarbeiter des MfS und einen Helfer. (Obwohl der Name Wax nicht fällt, wird sofort klar, dass es sich nur um den GM »Donner« handeln kann. Es gibt aber keinen abfälligen oder besonderen Kommentar zu Wax oder seiner Person, Hesse ignoriert ihn, bezeichnet aber abstrakt Wax und seinen Kompagnon stets als »deutsche Patrioten«.)

»Wir machten einen Treff am 19. Mai 1956 in Würzburg, Wittelsbacherstraße, um 20 Uhr aus. Hier erfuhr ich, dass zwei Fahrzeuge und eine weitere Person zum Abtransport der Spionageunterlagen zu Verfügung stehen. Wir verabredeten uns für 24 Uhr an der Dienststelle.

Vorbereitung: An die Angestellten der Dienststelle (Tscheche Frantisek, die Sekretärin und die Haushälterin) verteilte ich Kognak, Zigaretten. Frantisek erhielt noch 50 DM Taschengeld.

Nach dem Abendessen genehmigten wir uns einige Schnäpse. Die Nichte der Haushälterin kam, um diese abzuholen, weil sie gemeinsam zu ihren Verwandten fahren und mit ihnen das Pfingstfest begehen wollten. Die Sekretärin (angeheitert) begab sich in ihr Zimmer. Sie verfiel in einen tiefen Schlaf.

Frantisek hatte das Haus verlassen, um mit seiner Freundin ein Tanzlokal aufzusuchen.

Gegen 24 Uhr hielten zwei Fahrzeuge wie verabredet vor der Dienststelle. Zwei transportable Safes wurden aus der ersten Etage in die Fahrzeuge geladen. Das Spionagematerial aus den oberen Räumen wurde in Säcke verstaut und ebenfalls in die Fahrzeuge geladen. Alles verlief reibungslos!

Wir fuhren getrennt in Richtung DDR-Grenze.

Mir blieb nur die Hoffnung, dass der Verlust dieser wichtigen Dokumente nicht so schnell bemerkt wird. (Wettlauf mit der Zeit.)

In Hannover-Hauptbahnhof kurze Rast. Frühstücksbeutel und Getränke besorgt. Schnelle Weiterfahrt nach Marienborn.

Am Grenzübergang Marienborn war Hochbetrieb (Pfingsten). Zwei Grenzer verlangten unsere Ausweispapiere. Wir fahren mit einem Mercedes mit zurückgeschlagenem Verdeck. Safe und Spionagematerial befinden sich im Kofferraum.

Spannender Moment – nicht nervös werden – ruhig bleiben – keine Aufregung zeigen, um keinen Verdacht zu erregen. Es erfolgte keine weitere Kontrolle. Wir bekamen unsere Ausweise zurück. Wir waren froh, dass die Kontrolle glatt verlief. Am Kontrollpunkt der DDR wurden wir von den Mitarbeitern des MfS Kiefel und Mähnert empfangen.«[38]

Horst Hesse war sich, wie er wiederholt unterstreicht, durchaus bewusst, dass es für ihn um alles ging, er riskierte Kopf und Kragen. Schnappte man ihn, wäre er bei den Amerikanern wegen Fahnenflucht und Hochverrat fällig.

Am Sonntag um 14 Uhr passierten sie bei Helmstedt/Marienborn die Grenze, nicht bei Hof oder Herleshausen, sondern sie fuhren über Hannover in das rund 400 Kilometer von Würzburg entfernte Helmstedt. Warum gerade dieser Grenzübergang? Es war der größte und bedeutendste, und der am stärksten frequentierte. Die Strecke von dort aus war die kürzeste Landverbindung vom Bundesgebiet nach Berlin.

Marienborn war überdies einer der drei unverändert von den Alliierten genutzten Kontrollpunkte. Die westliche Seite, die in der britischen Besatzungszone lag, wurde nach dem ersten Buchstaben des ICAO-Alphabets »Checkpoint Alpha« genannt. »Checkpoint Bravo« war die amerikanische Seite des Berliner Grenzkontrollpunktes Dreilinden-Drewitz, und »Checkpoint Charlie« hieß der alliierte Grenzübergang am südlichen Ende der Berliner Friedrichstraße. »Checkpoint« stand für »Kontrollpunkt«, nicht für Grenzübergangsstelle, denn die DDR war in ihren Augen kein Staat, folglich existierte auch keine Staatsgrenze.

Gerade in Marienborn würde zu Pfingsten Hochbetrieb herrschen. Der Bundesgrenzschutz würde nur großzügig und oberflächlich kontrollieren. Darauf setzte man in der Hauptabteilung II.

Horst Hesse hatte für den Grenzübertritt aus der MfS-Zentrale neue Ausweispapiere erhalten: einen perfekt gefälschten bundesdeutschen Pass. Das war wichtig, denn seine US-Papiere hätten ihn verraten, die Beamten hätten sich fragen können: Was machte ein Ami in einem deutschen Auto mit einem deutschen Fahrer?

Dass Oberst Josef Kiefel und Hauptmann Gerhard Mähnert dort persönlich erschienen, unterstrich die Bedeutung, die das MfS dem Vorgang beimaß. Kiefel war schließlich der Chef der Spionageabwehr in der Zentrale und Mähnert leitete sie in Magdeburg, er führte die Abteilung II in der Bezirksverwaltung.

Mähnerts Name taucht später in keiner Darstellung auf: Er war 1960 unter dem Vorwurf des Geheimnisverrats aus dem Organ geworfen und von einem Gericht zu fünf Jahren Haft verurteilt worden. Drei Jahre saß er davon in Bautzen ab, danach arbeitete er als Maurer und Gütekontrolleur.

Nach 1990 wurde er erneut vor den Kadi gezerrt. Ihm wurde vorgehalten, er sei in den 50er Jahren maßgeblich an der Entführung des Westberliner Fotohändlers Wilhelm van Ackern beteiligt gewesen. Van Ackern führte als Mitarbeiter der Organisation Gehlen in der DDR, in Polen und der Sowjetunion neunzehn Agenten, einer davon war der Doppelagent

Fritz Weidmann. Durch ihn waren die Lichtenberger Abwehrmänner über die Aktivitäten des Westberliner Fotohändlers bestens im Bilde. Mähnert war an der Planung einer Entführung van Ackerns in die DDR-Hauptstadt beteiligt. Mit der Ausführung selbst hatte er nichts mehr zu tun, weil ihm der Vorgang entzogen worden war – er war wegen Trunkenheit disziplinarisch belangt worden.

Van Ackern wurde mit K.o.-Tropfen außer Gefecht gesetzt und von zwei Mitarbeitern der Spionageabwehr auf die andere Seite verbracht. Er erwachte im Untersuchungsgefängnis des MfS in Berlin-Hohenschönhausen. 1955 verurteilte ihn das Oberste Gericht der DDR zu einer lebenslangen Zuchthausstrafe.

Nach neun Jahren wurde er von der Bundesregierung freigekauft.

The day after

Zu Pfingsten 1956 hatten die Verantwortlichen der Spionageabwehr in der DDR keine besinnliche Zeit. Ganz im Gegenteil, wurden sie doch in die Zentrale des Ministeriums nach Lichtenberg einbestellt.

Das verwunderte die Genossen nicht sehr, denn derartige unplanmäßige Zusammenkünfte gehörten zum nachrichtendienstlichen Alltag. Schließlich schlief auch der Klassenfeind nie!

In der Normannenstraße trafen sich die Abteilungsleiter der Abteilung II, der Spionageabwehr aus den vierzehn Bezirken der DDR und deren Referatsleiter I. Das Referat I war für die US-amerikanischen Geheimdienste, von denen es immerhin 27 gab, zuständig. Ihnen wurden Akten von Personen übergeben, die in dem jeweiligen Bezirk wohnten und auf der Gehaltsliste der MID standen. Horst Hesse hatte diese Agentendatei mitgebracht. Die genannten MID-Agenten[39] sollten umgehend verhaftet werden. Eile war geboten, denn wenn die Verdächtigen gewarnt werden würden, wären sie weg – schließlich war die Grenze offen.

Harry Mittenzwei, seit 1952 Mitarbeiter des MfS, erinnert sich noch heute an diese Aktion:

»Eines Morgens fand ich beim Dienstantritt neben meinem Schreibtisch einen aufgebrochenen Tresor, der am Vortag dort noch nicht gestanden hatte. Es war auch keiner von uns, sondern der aus Würzburg.

Sein Inhalt hatte es in sich. Wer diese Zeit mit politischem Interesse erlebt hat, wird sich an diese Geschichte erinnern …

Uneingeweiht hatte ich am Rande der Aktion mitgewirkt. Es war üblich, andere Diensteinheiten zu unterstützen, wenn deren eigene Kapazität bei der Durchführung bestimmter Maßnahmen nicht ausreichte. Das traf auch in diesem Falle zu. In einer Wohnung in Alt-Stralau saß ich am Vorabend auftragsgemäß an einem Telefon, wartete auf einen Anruf, um die eingehende Information weiterzuleiten. In den mittleren Abendstunden klingelte das Telefon. Ein ›Heinz‹ meldete: ›Onkel Karl ist ins Krankenhaus eigeliefert worden, ihm geht es aber den Umständen entsprechend gut.‹ Das war das Signal, dass die – wie ich später erfuhr – Mission in Würzburg erfolgreich gewesen ist. Meine Aufgabe war mit der Weitergabe der Meldung beendet.

Anderntags stand ich vor diesem Panzerschrank. Ich sollte den Inhalt sichten und registrieren. Die Aktenordner waren, wie ich hörte, schon entnommen. Was ich fand, war nicht zu verachten. Neben verschiedenen Papieren, die nur der Kenner einordnen konnte, fand ich eine beträchtliche Menge von Blankodokumenten. Da waren Bundespersonalausweise, Presseausweise verschiedener Agenturen, Ausweise von Ämtern und Institutionen und – als Höhepunkt – Hausausweise der Zentrale des neuen Bundesnachrichtendienstes in Pullach bei München.

Dazu fand ich noch alles, was nötig war, um diese Dokumente gültig zu machen ... Mit einem eigenen Passbild hätte ich mich da selbst beliebig ausstatten können.«[40]

Die Akten, die dem Panzerschrank entnommen worden waren, dienten den Abwehrleuten in den Bezirken zur Festnahme von insgesamt 137 Verdächtigen. Horst Hesse war in einigen der sich daraus ergebenden Prozessen als Zeuge geladen.

Vorder- und Rückseite des 1955 in Würzburg für den MID-Dienstausweis gefertigten Passfotos

Der letzte Schritt

Hansen näherte sich langsam dem großen, hellen Gebäude mit den weit ausladenden Fenstern und den weit geöffneten Toren. Der breitschultrige, grauhaarige Mann neben ihm lächelte ihm ermutigend zu. Er blieb stehen. Hansen reichte ihm die linke Hand. Der rechte Arm war in eine Schlinge eingebunden. Der Oberst schüttelte diese Hand. »Und wenn Sie nicht allein fertig werden, Genosse Lorenz, fordern Sie Verstärkung an.«

Hansen, nunmehr Lorenz, blickte ihn an. Dann drehte er sich schnell um und trat in die hohe, mosaikgetäfelte Vorhalle. Gerade in diesem Augenblick schrillte die Schulglocke, und Dutzende von Türen wurden aufgerissen. Ausgelassene Jungen und Mädchen rannten den reglos Stehenden fast um.

Er rettete sich hinter eine Säule. Inmitten der Jungen aus seiner Klasse stürmte Manfred die breite Treppe im Foyer hinunter. Es gab nichts mehr aufzuschieben.

Der Dreizehnjährige verhielt mitten im Treppensprung und blieb wie angewurzelt stehen. Sein Gesicht hob sich, verschloss sich, öffnete sich wieder. Die Augen starrten ungläubig.

Der Mann sagte kein Wort, stand nur da, reglos, fühlte das Herz in den Schläfen pochen, schluckte. Endlich öffnete der Junge den Mund. Die Kameraden hatten sich längst verlaufen. Sie standen allein in der hohen, kühlen Halle.

»Wo kommst du her?«

Hansen war es, als habe er bereits das Schwerste hinter sich gebracht. Er lächelte. Der kranke Arm zuckte hoch. Er besann sich und legte die gesunde Linke um die Schultern seines Jungen.

»Komm, ich erzähl's dir.«

Sie gingen hinaus, sehr langsam. Sie hatten Zeit.

*

So kam nach rasanter Flucht der ehemalige MID-Agent Hansen wieder nach Hause. Seinen Sohn musste er viele Jahre bei Freunden lassen, denn seine Frau, die Mutter des Jungen, war vor Jahren an Krebs gestorben. Nun, so erzählt der Film, hat der heimgekehrte Kundschafter viel Zeit, um mit seinem Sohn über alles zu reden, und der Zuschauer ist sicher: Das wird schon wieder, der Held der östlichen Welt wird auch diese Aufgabe meistern!

So optimistisch-souverän gestaltet sich die Ankunft in der DDR im tatsächlichen Leben allerdings nicht. Horst Hesse hatte zwar noch eine Frau und drei Kinder. Doch, so stellte sich bald heraus, war die Republikflucht des Partners und Vaters nicht folgenlos geblieben. Zwar hatte die Familie Hesse in Würzburg besucht – doch sehr harmonisch, so erzählt später Tochter Marion, sei der Aufenthalt nicht verlaufen. Irgendwie, so erinnert sich Hesses älteste Tochter, habe die Mutter herausgefunden, dass ihr Mann in der Fremde ein Verhältnis mit einer anderen hatte.

Und auf der anderen Seite: Die Genossen hatten ihm versichert, dass für die Seinen gesorgt werde, wenn er im Operationsgebiet unterwegs sei. Doch hatte sein Führungsoffizier dieses Versprechen falsch verstanden, so erzählt Hans Kusche, 1956 im Begrüßungskomitee in Marienborn dabei, in dem Dokumentarfilm »For Eyes Only – Ein Film und seine Geschichte«.[41]

Der Genosse hatte mit Ruth Hesse ein Techtelmechtel, das von der Vermieterin der konspirativen Wohnung, in der sich der Führungsoffizier mit Ruth Hesse traf, entdeckt worden sein soll. Diese Treffs hatten einen dienstlichen Hintergrund, denn Ruth Hesse reiste als Instrukteurin nach Westberlin, wenn sich ihr Mann dort aufhielt.

Bei der Vermieterin der KW in Magdeburg handelte es sich um die Witwe eines verstorbenen Antifaschisten, die über ausreichend Platz verfügte und gern ein Zimmer an die Genossen der Bezirksverwaltung vermietete. Sie galt als absolut zuverlässig und verschwiegen. Das war sie wohl auch. Doch irgendwann platzte der alten Genossin der Kragen, denn sie hatte ein Zimmer vermietet, in dem zwar auswärtige Inoffizielle Mitarbeiter gelegentlich auch übernachteten, aber einzeln und nicht, um ein Schäferstündchen abzuhalten. Sie beschwerte sich bei der Bezirksverwaltung des MfS. Das hätte sie lieber nicht tun sollen, denn ihr wurde üble Nachrede unterstellt.

Doch schließlich war der Fakt nicht mehr zu leugnen: Auch Horst Hesse war hintergangen worden – so jedenfalls Kusches Bericht.

»Alles Quatsch!«, sagt Tochter Marion. Es war ein Nachbar, mit dem sich die Mutter tröstete. Dieser Nachbar war dann auch der Grund, dass sie später bei ihrem zurückgekehrten Vater aufwuchs, denn mit dem Neuen verstand sie sich nicht.

Doch zunächst überwog die Wiedersehensfreude. Der Vater, der Mann war wieder da! Marion kann sich genau an den Moment erinnern, als sie ihn nach langer Zeit wiedersah. Es war in einer Villa in Grünau im Berliner Süden. Horst Hesse stand in einer Veranda, durch deren Fenster sich ein herrliches Panorama mit See und Segelbooten bot. Hier blieb die Familie bis zu ihrer Bulgarienreise. Die fünf Hesses flogen für vier Wochen nach Bulgarien. Dieser Urlaub war für die Familie ein Ereignis, sie wurden vom bulgarischen Partnerdienst des MfS betreut. Tochter Marion erinnert sich noch immer gern an diesen Aufenthalt. Sie wurden als VIPs durchs gesamte Land geführt, vom Schwarzen Meer bis zum Rila-Gebirge. Es ist anzunehmen, dass dieser Urlaub auch als Familientherapie gedacht war, doch die erhoffte positive Wirkung stellte sich nicht ein.

Hermann und Martha Hesse, die Eltern von Horst Hesse, mit Enkeln, 1965

Horst Hesse schrieb in dem bereits erwähnten persönlichen Bericht lakonisch: »Nach dem Urlaub in Bulgarien zogen wir nach Karl-Marx-Stadt ... Dort arbeitete ich in der Bezirksverwaltung. Von meiner Ehefrau ließ ich mich scheiden.«[42]

Ein solches Ende eines Kundschaftereinsatzes konnte der Film »for eyes only« natürlich nicht zeigen. Das Drehbuch wäre im Panzerschrank des stellvertretenden Kulturministers gelandet. Da wäre er zwar in guter Gesellschaft gewesen, aber Filmemacher wollen Filme machen, keine Konserven für den Panzerschrank.

Doch genau dort, im Panzerschrank, wäre »for eyes only« um ein Haar trotz Happy End gelandet.

Der Heldenvater

Horst Hesses Einsatz in Würzburg änderte nicht nur sein Leben von Grund auf. Nach seiner Rückkehr war er von Beruf »Held«. Die Heldeneltern, die noch im niedersächsischen Lintzel im Landkreis Uelzen lebten, mussten auch in die DDR gebracht werden, denn sie galten als gefährdet, schließlich war ihr Sohn in Abwesenheit in den USA inzwischen zum Tode verurteilt worden. Die beiden wurden in ihrer niedersächsischen Wahlheimat bedroht, als bekannt wurde, dass ihr Sohn ein roter Spion war.

Also holte man Martha und Hermann Hesse in die DDR. Belegt ist, dass ihnen im Dezember 1956 eine Dreizimmerwohnung mit Bad und Balkon in Karl-Marx-Stadt, Franz-Mehring-Straße 34, zugewiesen wurde. Diese ruhige Wohnstraße liegt mitten im Kaßberg-Viertel, einem der größten Gründerzeit- und Jugendstilquartiere Deutschlands. Dort wohnten Jahre zuvor Fritz Heckert, Stefan Heym, Walter Janka und Stephan Hermlin. Der Kaßberg war nicht nur schön und wohnlich, er hatte auch eine solide intellektuelle Tradition. Die Miete für die fast 80 Quadratmeter große Wohnung betrug gerade mal 70 Mark. Doch die günstige Wohnung wird es nicht gewesen sein, die den ehemaligen Major der Wehrmacht in den Osten zog. Eigentlich war es bis zum 13. August 1961 eher so, dass vor allem Spezialisten die junge DDR in Richtung Westen verließen. Insgesamt kehrten seit Gründung der DDR bis zur Sicherung der Grenzen in jenem August mehr als 2,6 Millionen Bürger der ostdeutschen Republik den Rücken.

Julij Kwizinski, von 1986 bis 1990 Botschafter der Sowjetunion in Bonn und exzellenter Kenner der deutschen Geschichte, beschrieb die Situation in der DDR vor dem 13. August 1961 in seinem Buch »Vor dem Sturm« wie folgt: »Die Lage wurde immer verzweifelter. In einigen Kreisen der DDR gab es bereits keinen Augenarzt, keinen Hals-Nasen-Ohren-Arzt oder keinen Gynäkologen mehr. Wie viele andere hochqualifizierte Fachleute strömten sie in den Westen. Auch in den Betrieben war es unruhig. Die Arbeiter sagten allmählich ganz offen, sie könnten nicht mehr in einem Staat leben, in dem sie nicht wüssten, ob die Schichtablösung am nächsten Morgen noch zur Arbeit kommt, oder ob sie sich schon längst davongemacht habe.«[43]

Groß war der Bedarf an Spezialisten und Fachleuten für den sozialistischen Aufbau, zumal im neuen Staat noch keine neuen Eliten entstehen konnten – das brauchte Zeit. Lenin machte darauf schon in Zeiten der Oktoberrevolution aufmerksam. »Die Frage der Spezialisten muss umfassender gestellt werden. Wir müssen sie auf allen Gebieten des Aufbaus verwenden, wo wir mit unseren eigenen Kräften nicht zurechtkommen, da wir naturgemäß nicht über die Erfahrung und die wissenschaftliche Ausbildung der alten bürgerlichen Spezialisten verfügen. Wir sind keine Utopisten, die glauben, der Aufbau eines sozialistischen Russlands könne mit irgendwelchen neuen Menschen durchgeführt werden, wir bedienen uns des Materials, das uns die alte kapitalistische Welt hinterlassen hat. Wir versetzen die alten Menschen in neue Verhältnisse, umgeben sie mit der nötigen Kontrolle, unterstellen sie der wachsamen Aufsicht des Proletariats und bringen sie dazu, die Arbeit zu tun, die wir brauchen. Nur so kann man aufbauen. Wenn man es nicht fertigbringt, das Gebäude aus dem uns von der bürgerlichen Welt hinterlassenen Material aufzubauen, dann wird man es überhaupt nicht aufbauen, und man ist kein Kommunist, sondern ein bloßer Phrasendrescher.«[44]

So kam der Flugzeugingenieur Hermann Hesse 1956 nach Karl-Marx-Stadt. Dort wurde ihm eine interessante Arbeit beim Bau von Flugzeugmotoren angeboten. Der VEB Industriewerk Karl-Marx-Stadt stellte ihn zum 7. Januar 1957 als Typenleiter ein. Vertraglich wurde ein Gehalt von 990 Mark im Monat vereinbart – damals eine Spitzenbezahlung, das durchschnittliche Monatseinkommen eines Angestellten in der volkseigenen Wirtschaft betrug zu jener Zeit 587 Mark. »Die Tätigkeit in der oben genannten Einrichtung«, hieß es im Arbeitsvertrag, »ist von großer volkswirtschaftlicher Bedeutung und erfordert daher, dass die übertragenen Aufgaben mit hohem Staatsbewusstsein gegenüber der Deutschen Demokratischen Republik zuverlässig erfüllt werden.« Unterschrieben hatte den Arbeitsvertrag mit dem politisch-ideologischen Zeigefinger der Werkdirektor namens Ungethüm ... Der Betrieb hatte Tradition. Gegründet 1885 von den fahrradbegeisterten Herren Johann Winklhofer und Richard Jaenicke als Chemnitzer Velociped-Depot, aus dem Anfang des 20. Jahrhunderts die Wanderer-Werke wurden. Ab 1913 baute das Unternehmen unter der Bezeichnung »Wanderer« in Chemnitz Pkw, die sogar durch die Dolomiten kletterten. Das konnte man zu dieser Zeit nicht von jedem Auto sagen.

Nach dem Zweiten Weltkrieg wurde der Wanderer-Maschinenpark demontiert und als Reparationsgut in die Sowjetunion gebracht. 500 Mitarbeiter produzierten fortan zunächst Kartoffelschäler, Feuerzeuge, Schuhschoner, Lockenwickler und Scharniere. Schrittweise begann man mit der Produktion von Schreib- und Buchungsmaschinen. Wohl wissend, welch qualifiziertes Personal die Wanderer-Werke boten, beschloss der Ministerrat der DDR, hier einen wichtigen Standort für die geplante Flugzeugindustrie aufzubauen. Die Herstellung von Büromaschinen wurde nach Erfurt delegiert, bekannt unter dem Namen VEB Optima Erfurt. Am 1. Mai 1955 wurde der VEB Industriewerke Karl-Marx-Stadt gegründet, der zunächst Aggregate für die sowjetische IL 14 herstellte, ein Passagierflugzeug, das zur Grundausstattung der DDR-Lufthansa gehörte.[45]

Eine Beurteilung vom 3. Mai 1963 bescheinigte dem Ingenieur Hesse, dass er sich schnell in verschiedene Arbeitsgebiete eingearbeitet habe. So konnten »ihm bereits nach kurzer Zeit die Aufgaben eines Typenleiters für alle Geräte, Aggregate und Anlagen, die im Bereich Forschung und Entwicklung für das Flugzeug 152/153 bearbeitet wurden, übertragen werden.«[46]

Hermann Hesse arbeitete mit an Entwicklung und Produktion eines modernen Verkehrsflugzeuges, das nach seinem Konstrukteur Brunolf Baade »B 152« genannt wurde. Baade war schon als junger Mann Leiter der Konstruktionsabteilung der Junkers-Flugzeugwerke im anhaltinischen Dessau. 1946 kamen er und seine Mitarbeiter nach Dubna,

Hermann Hesse (1896–1967) als Luftfahrtingenieur in Karl-Marx-Stadt. Dort wirkte er an der Entwicklung von Komponenten für das Düsenpassagierflugzeuges B 152 mit

nördlich von Moskau. Acht Jahre später kehrte er zurück in die DDR und wurde Chefkonstrukteur des Flugzeugbaus in Dresden-Klotzsche. Doch die Entwicklung eines vierstrahligen Passagierjets made in GDR stand unter keinem guten Stern. Als sich Walter Ulbricht das moderne Fluggerät in Klotzsche am 30. April 1958 anschaute, war es noch gar nicht flugfähig. Die Produktion des Triebwerks »Pirna 014« verzögerte sich. Außerdem rollte die Maschine noch mit vier Fahrwerken aus dem Hangar: Die Hauptfahrwerke befanden sich unter dem Rumpf. Damit die Maschine nicht zur Seite kippte, waren an den Flügelspitzen ausklappbare Stützräder angebracht, was bei der Landung und Lenkung Probleme verursachte. Baade und sein Team mussten ihren Entwurf nochmals überarbeiten und die Fahrwerke in die zwei Triebwerksgondeln einbauen. Auch das kostete Zeit.

Während des zweiten Testflugs am 4. März 1959 stürzte die Maschinen kurz vor der Landung ab, die vierköpfige Besatzung kam dabei ums Leben. Die Analyse der Absturzursachen verzögerte die Entwicklung noch einmal, so dass das Projekt inzwischen vier Jahre hinter dem Zeitplan zurücklag. Die Marktchancen für die B 152 verschlechterten sich zusehends. Da der DDR-Flugzeugbau vom relativ kleinen Bedarf der DDR-Lufthansa nicht leben konnte – man ging von einem Bedarf von gerade mal 30 Flugzeugen aus –, war der Export in die Sowjetunion und die anderen sozialistischen Länder für das Überleben des Projekts wichtig. Doch Ende 1959 er-

Rollout in Dresden-Klotzsche: die »152«

klärte die sowjetische Seite – entgegen der ursprünglichen Zusage, 100 Maschinen abzunehmen –, dass sie doch keine B 152 in der DDR kaufen werde. Das war der Todesstoß für die Flugzeugindustrie der DDR. Im März 1961 verkündete die Regierung der DDR offiziell das Ende der Passagiermaschine aus Dresden-Klotzsche.

Für die politisch Verantwortlichen ging es nun darum, diesen Industriezweig, der über hochqualifizierte Spezialisten verfügte, ökonomisch sinnvoll umzubauen. Erst einmal wurde die VVB[47] Flugzeugbau aufgelöst. Der Betriebsteil in Klotzsche wurde zur »Flugzeugwerft Dresden«. Brunolf Baade avancierte zum Direktor des »Instituts für Leichtbau« der TU Dresden, das fortan fast 700 ehemalige Flugzeugbauer beschäftigte.

Unter den Angestellten des ehemaligen Flugzeugbaus gärte es. Besonders Teile der jüngeren techni-

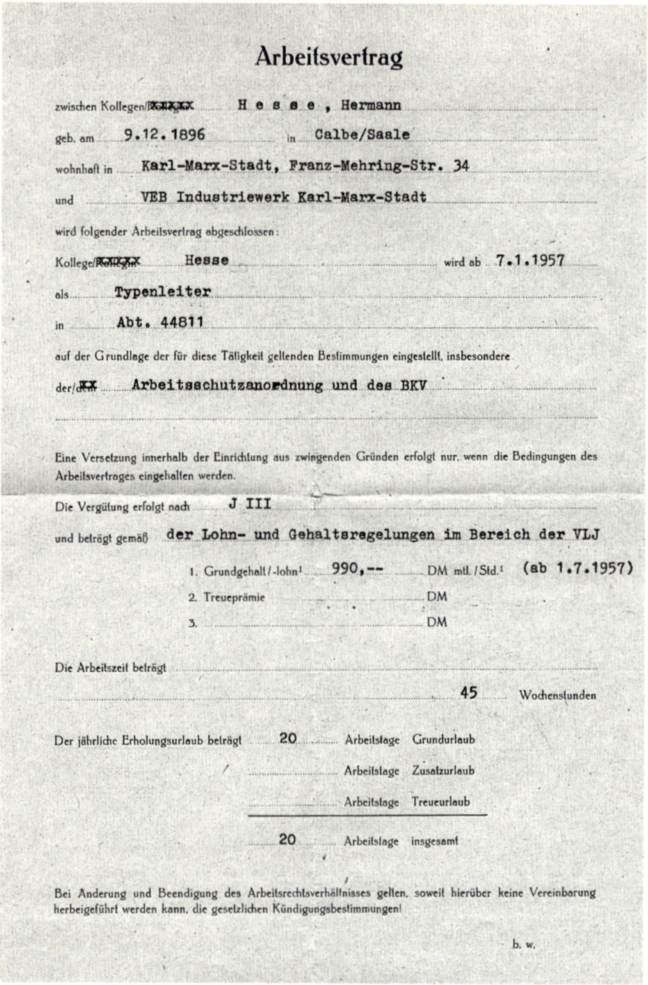

Arbeitsvertrag

zwischen Kollegen/XXXXX H e s s e , Hermann

geb. am 9.12.1896 in Calbe/Saale

wohnhaft in Karl-Marx-Stadt, Franz-Mehring-Str. 34

und VEB Industriewerk Karl-Marx-Stadt

wird folgender Arbeitsvertrag abgeschlossen:

Kollege/XXXXX Hesse wird ab 7.1.1957

als Typenleiter

in Abt. 44811

auf der Grundlage der für diese Tätigkeit geltenden Bestimmungen eingestellt, insbesondere

der/XX Arbeitsschutzanordnung und des BKV

Eine Versetzung innerhalb der Einrichtung aus zwingenden Gründen erfolgt nur, wenn die Bedingungen des Arbeitsvertrages eingehalten werden.

Die Vergütung erfolgt nach J III

und beträgt gemäß der Lohn- und Gehaltsregelungen im Bereich der VLJ

1. Grundgehalt/-lohn[1] 990,-- DM mtl./Std.[1] (ab 1.7.1957)
2. Treueprämie DM
3. DM

Die Arbeitszeit beträgt 45 Wochenstunden

Der jährliche Erholungsurlaub beträgt 20 Arbeitstage Grundurlaub

Arbeitstage Zusatzurlaub

Arbeitstage Treueurlaub

20 Arbeitstage insgesamt

Bei Änderung und Beendigung des Arbeitsrechtsverhältnisses gelten, soweit hierüber keine Vereinbarung herbeigeführt werden kann, die gesetzlichen Kündigungsbestimmungen!

b. w.

Arbeitsvertrag Hermann Hesses in Karl-Marx-Stadt

schen Intelligenz warfen dem mittleren Konstruktionspersonal, das zu einem großen Teil aus den alten, privilegierten Spezialisten bestand, vor, versagt zu haben. Mitunter wurde sogar der Vorwurf laut, diese Experten hätten den Misserfolg bewusst organisiert.

Das war wohl der Hintergrund für die Entscheidung von Hermann Hesse, seinen Posten aufzugeben und im 67. Lebensjahr in Rente zu gehen. Er begründete diesen Schritt offiziell damit, dass er sich »gesundheitlich nicht mehr auf der Höhe fühlt und außerdem seine kranke Frau seiner Betreuung bedarf.«[48]

Hermann Hesse starb am 12. Januar 1967 in Karl-Marx-Stadt. Seine Frau Martha überlebte ihn um mehr als zehn Jahre.

Der Held

Nach Hesses Rückkehr musste für dessen Sicherheit gesorgt werden. Natürlich nicht ohne diesen Husarenstreich der Spionage propagandistisch und praktisch auszuwerten. Das *Neue Deutschland* berichtete am 11. Juli 1956 von einer Pressekonferenz unter der Überschrift »So arbeitet der amerikanische Spionagedienst« wie folgt:

»Der ehemalige Werbeabteilungsleiter aus der Dienststelle des amerikanischen Geheimdienstes Military Intelligence Department (MID)[49] in Würzburg, Horst Hesse, schilderte auf der internationalen Pressekonferenz am Dienstag in Berlin ausführlich die abscheulichen Methoden, mit denen die USA-Besatzer Deutsche gegen Deutsche zu hetzen versuchen.

Zu seiner Person erklärte Horst Hesse, dass er bis zu seiner Republikflucht im Mai 1953 als Feinmechaniker im volkseigenen Magdeburger Schwermaschinenbau tätig war. In die Fänge der Anwerber für Agenten geriet er in Westberlin. Seine ersten Aufträge lauteten auf Spionage in der DDR. Dann wurde Horst Hesse nach Westdeutschland beordert und erhielt die Anweisung, im Notaufnahmelager Gießen und später im Landesflüchtlingslager Bremen republikflüchtige Personen zu bespitzeln und Anschriften von ihren Verwandten und Bekannten in der DDR zu ermitteln, die als Unterlage zur Anwerbung von weiteren Agenten dienten. Darauf wurde er nach Würzburg geholt, wo er bis Ende Mai dieses Jahres, bis zu seiner Rückkehr in die DDR also, wohnte.

›Dort war ich hauptamtlicher Mitarbeiter der Würzburger Filiale des amerikanischen Geheimdienstes MID und kam am 20. Mai dieses Jahres freiwillig in die DDR und stellte mich hier den Sicherheitsorganen‹, erklärte Horst Hesse.

›Ich darf vorausschicken, dass ich derjenige bin, der den in der Ost- und Westpresse viel behandelten Panzerschrank des MID den Sicherheitsorganen der DDR übergeben hat. Meine Beweggründe hierfür möchte ich später schildern. Vorerst werde ich einige Angaben über Charakter und Aufgaben der amerikanischen Dienststelle in Würzburg machen, bei der ich tätig war.

Die Haupttätigkeit der Würzburger MID-Filiale besteht in der Spionage gegen die Volksarmee, die Grenzpolizei und die Staatssicherheit der DDR sowie gegen die sowjetischen Streitkräfte in Deutschland. Darüber hinaus wird auch Spionage gegen die gleichen militärischen und Sicherheitseinrichtungen in Polen und in der Tschechoslowakei betrieben. Ferner organisierte die Dienststelle Spionage gegen das gesamte Transportwesen in der DDR, gegen die Fahrzeugproduktion, Eisen- und Stahlindustrie sowie Einrichtungen der Atomforschung, der Stromnetze und Hafenanlagen.‹

Horst Hesse hatte einen guten Einblick in die Unterlagen über die Agenten der Dienststelle, die in den Panzerschränken des Leiters der Dienststelle untergebracht waren. Im Einzelnen, so erklärte er, befanden sich in den Panzerschränken: ›Berichte über die Werbung von Bürgern der DDR als Agenten mit ihren genauen Personalien sowie mehr als 2000 westdeutsche Personalausweise, über 100 Presseausweise der Bundesrepublik, rund 100 Ausweise des Detektiv-Büros Heidelberger, fast 250 Ausweise des Verbandes der Detekteien und Privatauskunfteien, zahlreiche Ausweise für Republikflüchtige, Ausweise der Organisation Deutsche helfen Deutschen und auch Ausweispapiere von Spezialeinrichtungen der amerikanischen Truppen in Europa wie des Amtes zur Erforschung der öffentlichen Meinung und der Grafischen Vermessungs-Kommission.

Personalausweise, Flüchtlingsausweise und andere Ausweise erhielten alle hauptamtlichen Mitarbeiter der Würzburger Filiale auf ihren Decknamen und auf eine gefälschte Wohnanschrift ausgestellt. Die Personalausweise mit den falschen Angaben dienen zur Tarnung der Gruppenführer. Die anderen Dokumente, wie Flüchtlingsausweise, Presseausweise, Detektiv-Ausweise, Ausweise des Amtes zur Erforschung der öffentlichen Meinung usw. werden dazu benutzt, mit Bürgern der DDR als harmloser

Flüchtling, Reporter oder Meinungsforscher ins Gespräch zu kommen und dabei festzustellen, ob sie zur Anwerbung von Agenten geeignet sind.‹

Horst Hesse gab sodann Auskunft darüber, wie er mit dem Panzerschrank aus der Bundesrepublik in die DDR gelangen konnte. ›Das ging einfacher, als man es glauben mag, zumal ich meinen Übertritt mit sämtlichem Gepäck mit der Hilfe von Personen bewerkstelligte, die ich hier nicht nennen möchte. Außerdem war ich im Besitz der bereits erwähnten amerikanischen Ausweise, die mir ohne weiteres gestatteten, den Safe durch die Bundesrepublik zu transportieren.

Ich hatte u. a. einen Ausweis des Amtes zur Erforschung der öffentlichen Meinung beim Europäischen Kommando der US-Streitkräfte. Dieser Ausweis enthielt in Englisch und Deutsch die Worte *Alle von dem Inhaber des Ausweises mitgeführten Urkunden sind Eigentum der Regierung der Vereinigten Staaten und dürfen nicht besichtigt oder beschlagnahmt werden ohne vorheriges Einverständnis der unterzeichneten Dienststelle.*‹«[50]

Dem Zentralorgan des ZK der SED *Neues Deutschland* fehlte erkennbar jeder künstlerische Ehrgeiz, deshalb kann das Berichtete nicht unter dem Aspekt der künstlerischen Freiheit betrachtet werden wie die filmische Umsetzung »for eyes only«. Der Text unterlag eher den Gesetzen der geheimdienstlichen Camouflage.

Horst Hesse, der Mann mit dem Panzerschrank, wurde zum Anknüpfungspunkt für eine umfangreiche Presse- und Propagandaarbeit. Bereits am Dienstag, dem 29. Mai, also nur neun Tage nachdem die brisante Fracht bei Marienborn über die Grenze geschmuggelt worden war, gab Ministerpräsident Otto Grotewohl eine Regierungserklärung ab. Er berichtete vor der Volkskammer, dem ostdeutschen Parlament, dass ein amerikanischer Spion mit einem Panzerschrank im Kofferraum seines Wagens in die DDR geflohen sei. Er habe die Spionage, Sabotage und Wühlarbeit des Westens gegen die DDR nicht mehr mit seinem Gewissen vereinbaren können und der wiederholten Zusicherung »der DDR, dass Agenten, die sich selbst stellen, keine Bestrafung zu befürchten haben«[51], vertraut. Der reumütige Heimkehrer habe den DDR-Organen die komplette Agenten-Datei der Würzburger Dependance der MID übergeben.

Weiter teilte Grotewohl mit, dass die Sicherheitsorgane der Republik aufgrund dieser Unterlagen 137 Agenten der MID in der DDR festnehmen konnten. Und forderte sodann die Auflösung sämtlicher Agentenzentralen in Westdeutschland und Westberlin, weil diese der friedlichen Wiedervereinigung beider deutscher Staaten im Wege stünden.

Diese Formulierung erklärt, warum aus dem Kundschafter Horst Hesse, der vom MfS gezielt als Maulwurf in die US-amerikanische Militärspionage eingeschleust worden war, ein MID-Agent werden musste. Deshalb war die Aktion »Schlag« keine Rückkehr, sondern ein »Übertritt« in die DDR. Horst Hesse erhielt offiziell darum auch keinen Orden, sondern Straffreiheit.

Bereits sechs Wochen später also, am 10. Juli, hatte Horst Hesse seinen ersten großen Medienauftritt im Rahmen einer internationalen Pressekonferenz, deren *ND*-Bericht bereits zitiert wurde.

Auf dieser Pressekonferenz wurde auch die Legende kreiert, Hesse alias Berger sei mit einem amerikanischen Ausweis des »Amtes zur Erforschung der öffentlichen Meinung« geflohen und nicht mit einem in Lichtenberg gefälschten BRD-Pass.[52]

Die Begeisterung für den Coup mit dem Panzerschrank teilte man nicht überall. Die in München erscheinende *Süddeutsche Zeitung* berichtete – wenn auch deutlich kürzer als das *Neue Deutschland* – von Hesses Auftritt vor der Weltpresse und mäkelte: »Nach den Plaudereien aus dem Panzerschrank des mutmaßlichen Doppelagenten Hesse war die anschließend gezeigte Ausstellung der Dokumente aus dem Safe enttäuschend. Ein ausgestelltes Exemplar der angeblich tausend mitgebrachten Blanko-Presseausweise hatte keine Ähnlichkeit mit dem in der Bundesrepublik gültigen roten Ausweis des Deutschen Journalistenverbandes. Einige Fotokopien von Briefen deutscher Mitarbeiter und Namenslisten angeblicher Agenten waren die ganze zur Schau gestellte Beute Hesses.«[53]

Mit seiner Mission und diesem Auftritt hatte der junge Familienvater aus Magdeburg sein Leben insofern verpfändet, als er fortan nicht mehr allein Herr seiner Entscheidungen war – eine Erfahrung, die überall auf der Welt Menschen machen, die sich in die Hände eines Geheimdienstes begeben.

Das begann damit, dass Horst Hesse, nachdem er den Boden der DDR betreten, zwar seinen Auftrag erfüllt hatte, jedoch nicht in Sicherheit war. Die Militärgerichtsbarkeit der USA schlug zu und verurteilte den Deserteur, der Hesse für sie war, in Abwesenheit zum Tode. Major John C. Walker, der Chef der Würzburger Außenstelle der MID, wurde zu sieben Jahren Gefängnis verurteilt. Diese Urteile wurden gefällt, obwohl, wie die US-Seite sofort beteuerte, kein Diebstahl von Akten bei der MID bekannt sei: Ihnen fehlten angeblich weder Akten noch Mitarbeiter – auch die Gegenseite spielte das Spiel der geheimdienstlichen Manipulation. Selbst in der »Kurzen Geschichte des Army-Nachrichtendienstes« von Michael E. Bigelow aus dem Jahre 2012 wird dieses nachrichtendienstliche Husarenstück mit keinem Wort erwähnt.[54] Kein Wunder, wurde dieser Beitrag doch von der INSCOM herausgegeben, dem »United States Army Intelligence and Security Command«. Diese Mammutbehörde in Fort Belvoir, Virginia, ist das sicherheitstechnische und nachrichtendienstliche Hauptkommando der US Army, die europäische Abteilung hat ihren Sitz im hessischen Wiesbaden.

Horst Hesse trat als Zeuge in Prozessen gegen gefasste MID-Agenten auf. Am 21. November 1956 berichtete das *Neue Deutschland* unter der Überschrift »MID Würzburg hat vier Spione weniger« über ein Verfahren gegen vier Agenten in Meiningen. Friedrich Schulze aus Berlin-Spandau wurde vorgeworfen, mehr als einhundert Spionageaufträge in der DDR ausgeführt zu haben. Er hatte die Bewegung der Roten Armee in Thüringen dokumentiert und mittels toter Briefkästen die Informationen an seine MID-Auftraggeber weitergeleitet. Außerdem hatte man bei ihm gefälschte Dokumente gefunden: Neben einem gefälschten Personalausweis und einem falschen Mitgliedsbuch der DSF[55] fand man bei Schulze ein gefälschtes Parteidokument der SED.

Der dreißigjährige Angeklagte Günter Rossfelder kam aus Effelder. Auch er hatte tote Briefkästen angelegt und versorgt, er informierte eifrig über die Rote Armee und deren Aktivitäten.

Schulz wurde zu fünfzehn, Roßbach zu vierzehn Jahren Zuchthaus verurteilt. Zuchthaus war, im Gegensatz zum Gefängnis, eine besonders harte Art der Strafverbüßung, die für schwere Verbrechen unterhalb der Todesstrafe verhängt wurde. Das Strafgesetzbuch der DDR, das 1968 eingeführt wurde, schaffte das »Zuchthaus« als besonderes Gefängnis ab. Allerdings wurden die DDR-Gefängnisse auch nach dieser Reform nicht zu sozialpsychologischen Heilanstalten.

In diesem Strafprozess wurde nicht nur das von Hesse mitgebrachte Material aus den Panzerschränken der Würzburger MID-Niederlassung als Beweismaterial herangezogen. Horst Hesse – als ehemaliger Werbeleiter der MID-Würzburg bezeichnet – stand der Anklage als Hauptzeuge zur Verfügung.

Hesse beschrieb während dieser Zeugenaussage in Meiningen ziemlich detailliert den Inhalt der Panzerschränke. In diesen Panzerschränken befanden sich: »Berichte über die Werbung von Bürgern der DDR als Agenten mit ihren genauen Personalien sowie mehr als 2000 westdeutsche Personalausweise, über 100 Presseausweise der Bundesrepublik, rund 100 Ausweise des ›Detektiv-Büros Heidelberger‹, fast 250 Ausweise des Verbandes der Detekteien und Privatauskunfteien, zahlreiche Ausweise für Republikflüchtige, Ausweise der Organisation ›Deutsche helfen Deutschen‹ und auch Ausweispapiere von Spezialeinrichtungen der amerikanischen Truppen in Europa wie des ›Amtes zur Erforschung der öffentlichen Meinung‹ und der ›Grafischen Vermessungskommission‹.«[56]

Er wiederholte also genau das, was er bereits in Berlin vor der Presse erklärt hatte.

Es ist an dieser Stelle ausdrücklich darauf hinzuweisen, dass in keiner öffentlichen Aussage Hesses zu diesem Zeitpunkt die Rede von einem geheimen NATO-Plan ist, der die militärische Annexion der DDR vorsah. Es ist kaum anzunehmen, dass ein solcher Plan den Auswertern des MfS entgangen sein könnte. Auch hätten Albert Norden[57] und Fritz Beyling[58] die Chance kaum ausgelassen, in der Propagandaschlacht des Kalten Krieges diesen Beweis der Aggressionsabsicht des Westens deutlich zu machen.

Das provoziert die Frage, woher in späteren Veröffentlichungen zur Aktion »Schlag« dieser »Plan X« auftaucht.[59]

Der Titel – der Film

Das erste kreative Element des Films »for eyes only – streng geheim«, so will es scheinen, ist der Titel selbst. Die Geheimhaltungsstufe »streng geheim« heißt in den USA »top secret«. Die höhere Klassifizierung lautet »core secrets« (Kerngeheimnisse). Weniger geheimnisvolle Informationen werden als »secret« (geheim), »confidential« (vertraulich) oder »restricted« (eingeschränkt) eingestuft.

»for eyes only« kommt also gar nicht vor.

Aber vielleicht hatten sich die Filmschöpfer vom literarischen Vater der James-Bond-Romane inspirieren lassen. Ian Fleming gab 1961 einen Band mit fünf James-Bond-Stories heraus. Sein Titel: »For your eyes only«. Damit könnte man die Aussage, »for eyes only« sei eine Art DDR-Bond, zusätzlich untermauern.

Wie auch immer: Der Streifen war ein Film der DEFA. Die Deutsche Film AG wiederum war ein Geschöpf der sowjetischen Befreier. Ihre Lizenz erhielt die DEFA aus den Händen des Leiters der Informations- und Politischen Abteilung in der SMAD[60], Oberst Sergej Tjulpanow. Als Aufgabe wurde dem Babelsberger Studio »der Kampf für den demokratischen Aufbau Deutschlands, das Ringen um die Erziehung des deutschen Volkes, insbesondere der Jugend, im Sinne der echten Demokratie und Humanität« aufgegeben, und es müsse eine »scharfe und mächtige Waffe werden gegen die Reaktion und für die in der Tiefe wachsende Demokratie gegen den Krieg und den Militarismus und für Frieden und Freundschaft aller Völker der ganzen Welt.«[61]

Der DEFA flog im Jahre 1959 ein kleines Heft zu, in dem beschrieben wurde, wie ein Agent des MfS den Amerikanern einen Panzerschrank voller geheimer Akten entwendet und in die DDR bringt. Sein Titel: »Flucht durch die Nacht«.

Hans Lucke entwickelte aus diesem Material die Idee für einen Film. Eigentlich war der Dresdener von Beruf Schauspieler. Doch zunehmend engagierte er sich als Drehbuchschreiber und Dramaturg. Sein Drehbuch wurde in der eingereichten Form allerdings nicht akzeptiert. Harry Thürk bekam den Auftrag, den Stoff publikumswirksam aufzuarbeiten. »Publikumswirksam« hieß in diesem Falle, der DDR-Bevölkerung per Film zu vermitteln, warum im August 1961 die Mauer gebaut werden musste. Außerdem sollte der Film bei den Zuschauern »das Gefühl der Achtung vor der schweren Arbeit unserer Sicherheitsorgane« wecken, wie Thürk und Veiczi vor der Premiere erklärten.[62]

Harry Thürk schrieb nach folgendem Prinzip: »Mein Vorbild ist ein Erzähler auf dem orientalischen Basar. Wenn seine Geschichten gut sind, sitzt eine ganze Traube von Menschen um ihn herum. Wenn er schlecht ist, hört ihm keiner zu. Ich möchte unterhalten«, erzählte er 1997 der Hamburger *Zeit*. Mit dieser Maxime war er in der DDR und darüber hinaus sehr erfolgreich; über fünf Millionen verkaufte Bücher sind eindrucksvoller Beleg. Der *Spiegel* erklärte ihn zum »Konsalik des Ostens«[63]. Wenn dieser Vergleich für den linken DDR-Autoren kaum akzeptabel war, so trifft er doch in einer Hinsicht zu: Beide Autoren polarisierten und polarisieren noch heute. Doch damit konnte der 2005 gestorbene Schriftsteller durchaus leben: »Wenn einer Thürk nicht liest, bitte schön, ich lese Hera Lind ja auch nicht.«[64]

Zur Seite gestellt wurde ihm der Ungar János Veiczi, der zugleich Regie führte und mit diesem Film hoch hinaus wollte, was ihm schließlich auch gelang. Hans Lucke, der die Idee für den DEFA-Bond lieferte, erhielt im Film die Rolle des MID-Obersten Rock – als Trost dafür, dass andere das Drehbuch nach seiner Idee schreiben durften.

Am 19. Juli 1963 wurde »for eyes only« im Berliner »Kosmos« an der Karl-Marx-Allee, wegen seiner Größe und seiner üppigen Ausstattung »Filmtheater« genannt, uraufgeführt. Das *Neue Deutschland* berichtete kurz darüber: »Spontanen, lang anhaltenden Beifall erhielt der DEFA-Film ›for eyes only‹ (›Streng geheim‹) am Freitag bei seiner Premiere im

Berliner Filmtheater Kosmos. An der festlichen Aufführung des hervorragenden Films über die Tätigkeit der Sicherheitsorgane der DDR nahmen Vertreter des ZK der SED, des Ministeriums für Staatssicherheit und des Ministeriums für Nationale Verteidigung teil. Das Publikum bedankte sich nach der Vorstellung bei den Schöpfern des Streifens, darunter János Veiczi (Buch und Regie), Harry Thürk (Szenarium), Alfred Müller, Hans Lucke, Werner Lierck, Helmut Schreiber, Ivan Palec und anderen Darstellern.«[65] An dieser Stelle soll der Verwunderung Ausdruck gegeben werden, dass Vertreter des Ministeriums für Kultur in dem Bericht nicht erwähnt werden, obwohl sich doch der stellvertretende Minister Hans Rodenberg um den Streifen intensiv bemüht hatte.

Bereits zwei Tage vor der Premiere äußerten sich Thürk und Veiczi[66] im *ND* über ihre Intentionen. »Es lag uns nichts an einem sogenannten ›Agentenfilm‹«, schrieben die beiden. »Unser Held ist ein Mitarbeiter des Ministeriums für Staatssicherheit, der mitten im Zentrum des Feindes arbeitet. Dieser Mann ist kein schwankender, käuflicher, charakterschwacher ›Agent‹, sondern ein Kommunist, der durch seinen selbstlosen Einsatz der großen Sache der friedliebenden Menschheit dient. Vorbild war für uns ein Mitarbeiter des Ministeriums für Staatssicherheit, der eine solche Aufgabe hinter sich hatte.

Wir wollten dem Bürger der DDR einen solchen ›stillen‹ Kämpfer vorstellen. Spannung brauchten wir dabei nicht zu erfinden. Sie lag in dem, was der Genosse erlebt hat.«[67]

Ohne den Namen Hort Hesses zu nennen, nahmen sie hier klar Bezug auf den Mitarbeiter, »der eine solche Aufgabe hinter sich hatte«. Die Spannung aber schuf die Kunst. Das Kollektiv der Künstlerischen Arbeitsgruppe »Solidarität« in Potsdam-Babelsberg hatte einen Spiel- und keinen Dokumentarfilm geschaffen, der sich jedoch an der »wahrheitsgemäßen Darstellung des Gegners« orientierte, um »die große Leistung unserer Genossen des Ministeriums für Staatssicherheit« zu würdigen.[68]

Hatte also Horst Hesse mit dem Film »for eyes only« doch etwas zu tun?

»for eyes only« war der letzte, der erfolgreichste Spielfilm in einer ganzen Reihe von Produktionen der DEFA, die die faschistischen Wurzeln der Bundesrepublik, ihre aggressive Politik nach Osten, vor allem gegen die DDR, und ihr Streben nach Atomwaffen zum Gegenstand hatten. Zu dieser Phalanx gehörten Filme wie »Der Rat der Götter« und »Der Traum des Hauptmann Loy« von Kurt Mätzig, »Zwischenfall in Benderath« von János Veiczi oder »Betrogen bis zum jüngsten Tag« von Kurt Jung-Alsen.

Diese Filme zielten durch die realistische Aufarbeitung des Stoffs auf dokumentarische Wirkung. Das hatten sie wohl auch erreicht, denn sie alle gehörten zu der stolzen Reihe von Filmen, die in der Bundesrepublik nicht laufen durften, denn sie gehörten zu den 130 Filmen, die der »Interministerielle Ausschuss für Ost-West-Filmfragen« verbot. Dieses Zensurgremium regelte die Einfuhr von Filmen aus der »Ostzone« und aus »sowjetisch dirigierten

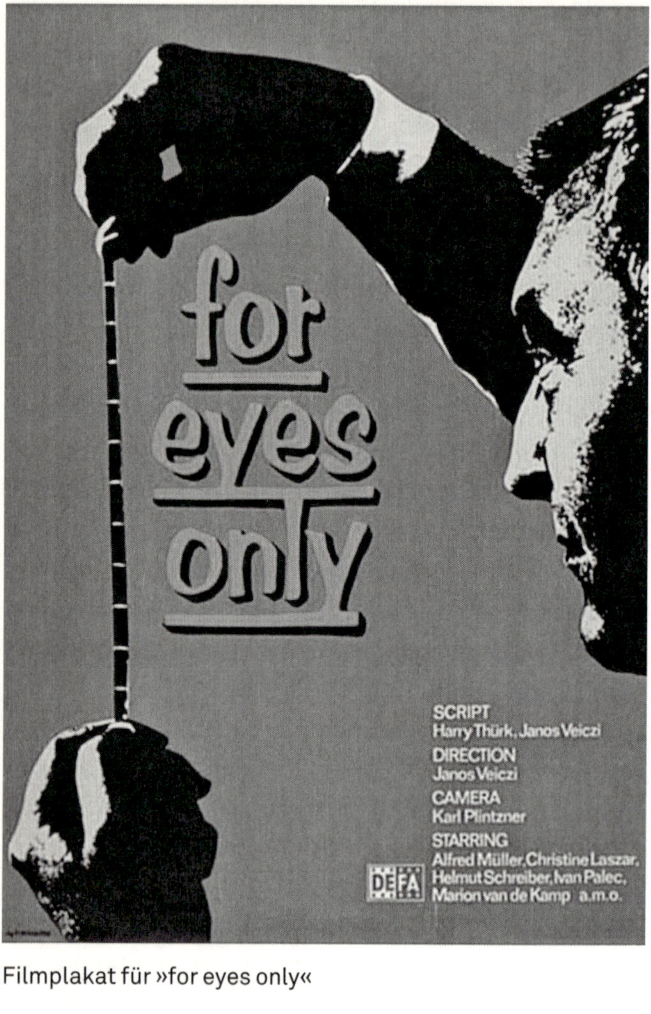

Filmplakat für »for eyes only«

Ländern«. Es setzte sich zusammen aus Vertretern des Auswärtigen Amtes, des Bundeswirtschaftsministeriums, des Presse- und Informationsamtes, des Bundesamtes für Verfassungsschutz sowie des Bundesinnenministeriums, das diese illustre Runde ins

Leben gerufen hatte. Selbst die DEFA-Verfilmung des Grimmschen Märchens vom tapferen Schneiderlein fand vor den gestrengen Bundesbeamten anfänglich keine Gnade und durfte erst nach zweiter Prüfung mit zweijähriger Verspätung in die westdeutschen Kinos.

»for eyes only« war als klassischer Thriller angelegt, der von Spannung und Action lebte. In seinem Handlungsverlauf waren verschiedene reale Prozesse miteinander verwoben, die dem Film seinen spezifischen Inhalt und der Geschichte ihre Dynamik gaben.

Da war zuerst der Plan für die militärische Aggression gegen die DDR, der Plan für den Tag X. Dieser Plan – vor allem ging es um den Operationsplan der Bundeswehr mit dem Codenamen DECO II – war bereits seit den 50er Jahren bekannt und in der DDR auch weithin propagandistisch ausgewertet worden. Die ehemaligen Bundeswehroffiziere Bruno Winzer und Adam Gliga präsentierten diesen Plan im Juli 1960 in Berlin der Presse.

Aus der Bundesrepublik schoss man sofort aus allen Rohren zurück, vor allem das »Sturmgeschütz der Demokratie«, wie *Spiegel*-Gründer Rudolf Augstein sein Nachrichtenmagazin in einem recht schrägen Bild mitunter nannte. Wobei: »Sturm« war beim frühen *Spiegel* der 50er und 60er Jahre durchaus im Schwange: Ex-Hauptsturmführer Bernhard Wehner war Redakteur für Polizeifragen, Ex-Obersturmbannführer Paul Karl Schmidt arbeitete als Autor, Ex-Hauptsturmführer Georg Wolff war Südamerika-Korrespondent und Autor von 80 Titel-Storys des Magazins, Ex-Hauptsturmführer Horst Mahnke leitete das Ressort Ausland, Ex-Untersturmführer Johannes Matthiesen war Chef vom Dienst beim *Spiegel*. So gesehen erhielt Augsteins »Sturmgeschütz« einen tieferen Sinn.

Am 3. August 1960 schrieb also der *Spiegel* unter der Überschrift »Gewissen oder Gläubiger«, um die Überläufer zu denunzieren: »Ein kompaniestarker Haufen von Fragebogenfälschern, Defraudanten, Spiel-, Ratenzahlungs- und Alimentenschuldnern in Bundeswehrdiensten, die sämtlich die Fahnenflucht in die DDR dem Ärger mit der westdeutschen Justiz vorzogen, hat den Kontrolleifer der Bonner Militärparlamentarier zu Sondertaten entflammt.«[69]

Winzer, Presseoffizier der Bundesluftwaffe im Range eines Majors, war bereits seit 1957 Mitarbeiter des MfS unter dem bezeichnenden Decknamen »Rebe«. Er hatte sich selbst angeboten, war ein sogenannter »Selbststeller«. Am 1. Mai 1960 wurde er in die DDR zurückgezogen, weil seine Sicherheit nicht mehr gewährleistet war. Ob Winzer wegen seiner Schulden oder aus Sicherheitsgründen zurückgezogen worden war – darüber streiten heute die Götter. Allein: Er hat viele wichtige Informationen über die Bundeswehr und ihre Verbündeten geliefert.

Winzer schrieb seine Erfahrungen als deutscher Militär in seinem Buch »Soldat in drei Armeen« auf. Er erzielte damit eine Auflage von mehr als 110 000 Exemplaren, was dafür spricht, wie groß das Interesse der DDR-Bürger an der jüngeren deutschen

Geschichte war. Auch zeigt dieser Erfolg, dass sie durchaus bereit waren, den Argumenten von Partei und Regierung zur Gefährdung der Republik durch die NATO zuzuhören. Diese Bereitschaft war wohl auch ein Grund für den Riesenerfolg von »for eyes only«.

Ein weiterer Realitätsbezug des Films war die wachsende Angst der Menschen vor einem Atomkrieg, wie er im Dokument MC-96 geplant wurde – auch dieser Plan war in der DDR bekannt. Geschürt wurde die Existenzangst auch durch die Tatsache, dass immer neue NATO-Kriegspläne ans Licht der Öffentlichkeit gelangten – und das geschah nicht freiwillig. So offen war die bürgerliche Gesellschaft des Westens keinesfalls, dass sie ihre militärischen Konzeptionen an die Litfaßsäule geklebt hätte. Die NATO-Direktive MC-96, die sich mit den Strategien des westlichen Militärbündnisses für die Zeit zwischen 1958 und 1963 beschäftigte, wurde durch den SPD-Bundestagsabgeordneten Alfred Frenzel an den tschechoslowakischen Geheimdienst weitergeleitet. Also auch hier war ein Kundschafter im Spiel.

Ein dritter Realitätsbezug von »for eyes only« war natürlich der Einsatz von Horst Hesse, also des Mitarbeiters des MfS, »der eine solche Aktion bereits hinter sich hatte«, wie Thürk und Veiczi hervorhoben.

Trotzdem kann man die Frage, was Horst Hesse mit »for eyes only« zu tun hatte, recht kurz beantworten: Eigentlich nichts! Ihn fragte niemand nach seiner Geschichte. Berater für das Film-Team waren

Ex-Bundeswehrmajor Bruno Winzer, MfS-Spion seit 1957, berichtete 1960 in der DDR über Kriegsplanungen der NATO

andere, namentlich Oberstleutnant Gerhard Kehl, stellvertretender Abteilungsleiter Agitation des MfS – nicht Hesse, der nicht einmal erfuhr, dass seine Geschichte in das Drehbuch für diesen Film einfloss. Er erfuhr schließlich aus der Zeitung, was da von Harry Thürk und Genossen verfasst worden war.

Eine treffende Zusammenfassung des Verfahrens gaben die Filmemacher, die seinerzeit noch »Filmschöpfer« hießen, im Vorspann selbst: »die handlung des films ist frei erfunden – ähnlichkeiten mit tatsächlichen begebenheiten sind beabsichtigt.«

Wie dem auch immer sei: Der Streifen wurde zu einem wirksamen Werbefilm für das MfS. Nicht nur die Mitarbeiter, die die Rohschnittfassung bereits am 24. Januar 1963 sahen, waren davon überzeugt, dass »for eyes only« eine außerordentlich gute Publikumsresonanz erzielen würde.

Als Horst Hesse den Film zum erste Mal sah, verwunderte ihn der Titel, denn »for eyes only« ist im US-amerikanischen Dienstgebrauch, wie gesagt, unbekannt. Horst Hesse kannte ihn nicht, allenfalls »strictly secret« und »top secret«. Wer den Titel »for eyes only«, das eher für privat steht, so eine Art »mal ganz unter uns«, aussuchte, weiß heute keiner mehr.

Horst Hesse sah, dass er Identifikationsobjekt war, der erzählerische Haken, an dem die eigentliche Botschaft aufgehängt wurde. Es ging um größere Beträge als um einen Diebstahl von Geheimdienstakten. Angesprochen hatte das Walter Ulbricht etwa in einer Pressekonferenz am 19. Juli 1960: »Das, was wir bereits im Januar diesen Jahres enthüllten und was die geflüchteten westdeutschen Offiziere bestätigten, hat Herr Strauß faktisch jetzt selber zugegeben. Während seines kürzlichen Aufenthaltes in den USA hat Herr Strauß Vereinbarungen über die Lieferung von Raketen verschiedenster Art abgeschlossen, darunter auch von solchen Raketen, die nur für Aggressionszwecke bestimmt sind. Während des dann folgenden Besuchs des amerikanischen Heeresministers in Bonn Anfang Juli wurden die taktischen Winkelzüge besprochen, die es Bonn ermöglichen sollen, die Lieferung der zu den Raketen gehörenden Atommunition und ihre Unterstellung unter die Verfügungsgewalt der westdeutschen Militaristen sicherzustellen. Der amerikanische Generalstab hat sich bereiterklärt, Vorstöße Bonns zur Änderung der amerikanischen Atomgesetze, die der Auslieferung von Atommunition noch entgegenstehen, rückhaltlos zu unterstützen. Ganz abgesehen davon: Die Atommunition ist heute schon in Westdeutschland gelagert und steht jederzeit dem Zugriff der westdeutschen Militaristen offen.

Bonn rechnet überdies damit, dass die Hitler-Generale im NATO-Hauptquartier, Speidel ist ja schließlich nicht umsonst Oberkommandierender der Landstreitkräfte der NATO, auf diesem Wege auch über die Atomsprengköpfe verfügen können. Seit einiger Zeit ist ein mit den Amerikanern ausgehandelter Entwurf eines neuen Truppenvertrages für Westdeutschland fertiggestellt. Hier wird es der Bundeswehr ausdrücklich gestattet, eigene Kernwaffendepots anzulegen und zu unterhalten.

Kriegsminister Franz Josef Strauß hat das Ergebnis seiner USA-Reise und der dort getroffenen Abmachungen in kleinerem Kreise folgendermaßen eingeschätzt: Wenn die jetzt von den USA bestätigten Pläne unserer weiteren Aufrüstung durchgeführt sein werden, so sagte er, dann wird Moskau im Jahre 1962 wieder in der Reichweite deutscher Waffen liegen. Er setzte triumphierend hinzu: ›Diesmal werden es Wasserstoffwaffen sein.‹«[70]

Der Rüstungswettlauf war in vollem Gange, die Bundesrepublik wollte militärisch in die erste Liga aufsteigen und selbst über Atomwaffen verfügen, und die DDR wollte aus dieser Rüstungsspirale raus, denn nur so hatte der kleine deutsche Staat eine Chance. Ulbricht und Genossen wollten und konnten ihre ökonomische Unterlegenheit mit entsprechender Propaganda zwar nicht kompensieren. Doch sie wollten mit diesem Mittel versuchen, die Menschen zu gewinnen und zu überzeugen, dass das »sozialistische Deutschland« die vernünftigere, bessere Alternative darstellte.

Nach Auffassung der DEFA trug der Film »for eyes only« in hohem Maße dazu bei, die politischen Intentionen der Regierung zu unterstützen. In der DDR sahen den Film bis 1973 insgesamt 2,3 Millionen Kinobesucher – das ist in etwa ein Publikum von elf Millionen auf die heutige deutsche Bevölkerung gerechnet. »Man lebt nur zweimal«, der meistgesehene James-Bond-Film, lief 1967 und zählte neun Millionen Besucher.

Die Filmkritik in der Heimat DDR war euphorisch. Er wurde im Zentralorgan der CDU *Neue Zeit* gefeiert als »knallharter Reißer, ein Spionageabwehrfilm mit spannungsgeladenen Situationen. Scharfe Schüsse, Nachtlokale, harte Kinnhaken, Spielkasinos, Tote am Straßenrand, Halbweltdamen, Giftampullen, Miniaturkameras, Nachschlüssel für Panzerschränke, geheimnisvolle Treffs in dunkler Nacht, atemberaubende Autoverfolgungsjagden – nichts fehlt, was zu einem Superkrimi gehört«.

Ein anderes Zentralorgan, das *Neue Deutschland,* widmete dem Streifen in seiner Ausgabe vom

21. Juli 1963 eine hymnische Rezension: »Den Menschen aus unserer Mitte, den Helden der sozialistischen Moral in einem typischen Konflikt unserer Tage zu gestalten ist keine leichte Aufgabe. Sie wird auch keineswegs einfacher dadurch, dass die Wirklichkeit imperialistischer Geheimdienstpraxis in Westdeutschland wesentliche Teile der Fabel liefert.

Das abenteuerlich-kriminalistische Milieu des Films ›for eyes only‹ muss zwei moralische Ebenen dramaturgisch zusammenhalten: Auf der einen Seite ein hervorragend organisierter, vielfach abgesicherter Agentenapparat mit schlauen und gefährlichen Köpfen, auf der anderen Seite ein Einzelner, der unerkannt bleiben muss, weil von der Erfüllung seines Auftrags die Frage von Krieg und Frieden in Europa abhängen kann.

Auf der einen Seite also mit allen Wassern gewaschene Spezialisten der psychologischen und militärischen Kriegsvorbereitung, auf der anderen Seite – aber mitten unter ihnen – ein Mensch von höchster Moral und untadeligem Charakter, der ein lebensgefährliches Doppelspiel über Jahre durchhalten muss, damit Millionen Menschen in unserer Republik und in Westdeutschland ohne Furcht vor einem neuen verheerenden Krieg ihrer friedlichen Arbeit nachgehen können.

Ein großer Stoff, ein echter Konflikt und eine hohe Zielsetzung! Drehbuchautor Harry Thürk, Mitautor und Regisseur János Veiczi haben sich nirgends durch die ungemein reizvollen Details des Milieus zu Ungenauigkeiten verführen lassen. Und obwohl sie weder in der Handlung noch im Dialog auf scharfe Pointierung verzichten, auch die ›knallharte Szene‹ nicht meiden, verwischen sie in keiner Episode des packenden Ablaufs der Fabel die moralischen Unterschiede, die klare Trennung der Fronten.

Ihr Held ist kein ›Superman‹, dem alles gelingen muss, weil er weder Herz noch Nerven besitzt. Hansen, der in Wahrheit Lorenz heißt, und trotz seiner Jugend ein kampferfahrener Mitarbeiter unseres Ministeriums für Staatssicherheit ist, bleibt in allen Szenen ein Mensch von Fleisch und Blut: den Gegner täuschend, den Genossen ein zuverlässiger Genosse, ein um sein Kind bangender Vater, ein liebenswerter Freund. Er ist ein starker Mensch.

Aber seine Stärke ist nicht der Ausdruck irgendeines ›Ausnahmetalents‹. In einigen tief wirksamen Szenen wird deutlich, dass er seine Stärke dem Vertrauen seiner Genossen, dem Vertrauen des sozialistischen Vaterlandes verdankt und dass es ihm keineswegs immer leichtfällt, dieses Vertrauen zu rechtfertigen, dass er schwer um seine Stärke ringen muss.

Dadurch wird man von diesem Film so in Atem gehalten. In jeder Phase spürt man, was der Held aufs Spiel setzt und was es ihn kostet, so konsequent und mutig zu handeln als Einzelner, der zwar nicht allein steht, aber in jedem Augenblick an dieser unsichtbaren Front fallen kann. Die Vereinfachung einiger Vorgänge liegt im Interesse der Sache und mildert weder den Wahrheitswert noch das ästhetische Vergnügen.

Plakat zur DEFA-Retrospektive, zehn Jahre nach dem Filmstart

János Veiczi und der erfahrene Kameramann Karl Plintzner haben die Schwierigkeiten und die in unaufdringlichen Episoden wirksamen menschlichen Schönheiten der Fabel sicher, geschmackvoll und großzügig gemeistert. Auch der vom Buch nur angedeutete Konflikt zwischen Hansen und seinem Sohn dient der Vertiefung des Helden ebenso wie der Enthüllung komplizierter moralischer Probleme unserer Gegenwart.

Dass diese menschliche Vielfalt echte und wirksame Sympathien für die unbekannten Helden, die mitten unter uns leben und ein Teil unseres eigenen positiven Heldentums sind, auslösen wird, ist der reifen, vielfarbigen Darstellungskunst des jungen Schauspielers Alfred Müller zu danken. Dieser in guten Theaterensembles gewachsene Charakterdarsteller gestaltet einen neuen Menschen mit klug beherrschten schauspielerischen Mitteln, einen Helden, mit dem man sofort »warm« wird, mit dem man leben, dem man nacheifern möchte.«[71]

»Das große Lexikon der DEFA-Spielfilme« erklärte den Streifen zum »Vater aller Kundschafterfilme«.[72]

Promotion

Hier folgte die Kulturpolitik der DDR der Bemerkung Lenins »Der Film ist für uns die wichtigste aller Künste«. Anatoli Lunatscharski, Volkskommissar für Bildungswesen in der Regierung Lenins, hob 1922 in der *Komsomolskaja Prawda,* der Zeitung der kommunistischen Jugendorganisation der Sowjetunion, hervor, dass der Film in einem Land mit überwiegend analphabetischer Bevölkerung durch bewegte Bilder und Musik das wirksamste Massenmedium sei. Lenin schätzte am Film weniger die ästhetischen Aspekte. Ihm kam es vor allem auf die kraftvolle propagandistische Wirkung des – damals noch sprachlosen – Zelluloids an.

Ganz in diesem Sinne wirkte der Film »for eyes only«. Er machte nicht nur Propaganda gegen die NATO und ihre Politik des Rollback, die darauf abzielte, den Einfluss der Sowjetunion zurückzudrängen, zu beseitigen, und dabei selbst das Risiko eines atomaren Krieges in Kauf nahm. Er machte

Propaganda für die Arbeit des Ministeriums für Staatssicherheit der DDR. Und das tat der Film sehr erfolgreich: Der DDR-Spion Hansen war der Held, die Protagonisten sprachen sich mit »Genosse« an, und das Publikum fieberte mit, wenn der MfS-Mann den Yankees die Akten und den Angriffsplan klaut. Eine bessere Imagewerbung konnte es für das Ministerium nicht geben.

Horst Hesse erfuhr, wie bereits erwähnt, erst aus der Zeitung vom Film »for eyes only«. Sein Rat war bei der Arbeit an dem Streifen ausdrücklich nicht erwünscht. Als die Drehbuchautoren nachfragten, ob sie den wirklichen Hansen befragen könnten, erklärten die Berater aus dem Ministerium, dass dies nicht erforderlich sei.

Alfred Müller, der den positiven Helden Hansen spielte, erzählte einmal von den üblichen Publikumsforen. Darsteller, Autoren, Regisseure usw. fuhren übers Land und standen nach der Vorführung des Films dem Publikum Rede und Antwort – das waren seinerzeit beliebte Veranstaltungen. Irgendwann, so Alfred Müller, tauchte als Teilnehmer eines solchen Forums, sozusagen als Attraktion, Horst Hesse im Kreise der Akteure auf. Die eigentlichen Filmemacher waren ganz begeistert und fühlten sich geehrt. Die Begeisterung jedoch litt deutlich, als bei der nächsten Filmpräsentation ein anderer Mitarbeiter des MfS auftrat. Horst Hesse sei krank, hieß es, und da man das Publikum nicht enttäuschen wollte, habe man kompetenten Ersatz geschickt. Als dann dennoch der echte Horst Hesse auf der Bildfläche erschien, hielt man ihn auch für eine »Ersatzbesetzung«, bis sich schließlich herausstellte, dass man tatsächlich dem »Lupus in fabula« gegenüberstand. Die Freude war auf beiden Seiten groß.

Auch damals schon bewertete das Publikum das Authentische, das Original höher als das Künstliche, das Ausgedachte, das Erfundene.

Das Kreuz mit dem Plan X

Am 10. März 1964 hörten die Bürger der altmärkischen Kleinstadt Gardelegen Schüsse über ihren Köpfen. Als sie zum Himmel blickten, sahen sie ein brennendes Flugzeug auf freies Feld stürzen. Viele dachten nur, wie später berichtet: »Nicht schon wieder Krieg!«

Was war geschehen?

Darüber gibt der Bericht des sowjetischen Fliegerhauptmanns Iwannikow Auskunft: »Melde, am 10. März 1964 befand ich mich in der Gefechtsbereitschaft der 2. Stufe, um 16.46 Uhr (Moskauer Zeit) erhielt ich das Kommando vom Gefechtsstand der Jagdfliegerdivision, in die 1. Stufe überzugehen und zu starten. Im Verlauf des Startes kam das Kommando zum Rollen zur Startbahn, zum Start mit Nachbrenner und ein Abdrehen nach dem Start auf Kurs 330°.

Der Start erfolgte um 16.49 Uhr mit Kurs 249° und einer folgenden Drehung auf Kurs 330°.

Im Steigflug, bei einer Höhe von 5000 m, erhielt ich die Information: ›Realer Luftraumverletzer mit Kurs 90° in einer Flughöhe von 10 000 m. Fortsetzen des Aufstiegs und Vorbereiten der Zieleinrichtung und der Waffen zum Schießen‹. Bei der Höhe von 8000 m kam die Meldung: ›Ziel links, höher 2000 m, mit ihm ein Abfangjäger‹.

Um 16.53 Uhr, links, unter einen Winkel von 80°, auf einer Weite von 10 km, Höhe 2000 m, bei guter sichtbarer Inversion wurde das Flugzeug des Luftraumverletzers gesichtet sowie auf einer Distanz von 500 bis 600 m und einem Intervall von 300 bis 400 m vom luftraumverletzenden Flugzeug der Abfangjäger des Hauptmannes Sinowjew. Um das luftraumverletzende Flugzeug und das Flugzeug des Hauptmannes Sinowjew nicht aus dem Sichtfeld zu verlieren, wurde eine energische Linkskurve ausgeführt, um so den Ausgang auf das Ziel von der hinteren Hemisphäre zu erreichen. Im Zuge der Kurve und der nachfolgenden Annäherung ans Ziel zwecks Feuereröffnung beobachtete ich die Aufforderung des Hauptmannes Sinowjew zur Landung des luftraumverletzenden Flugzeuges sowie die Warnschüsse des Hauptmanns.

Nach den Warnschüssen führte das Ziel eine linke Kurve auf Kurs 270° durch, in dessen Verlauf Hauptmann Sinowjew das Feuer zur Vernichtung aus den Flugzeugkanonen eröffnete. Resultate des Schießens von Hauptmann Sinowjew waren nicht zu beobachten. Nach der zweiten Hälfte der Kurve ergab sich die Ausgangslage für einen Angriff: Intervall 400 bis 500 m, bei einer Distanz von 300 bis 400 m sowie einem Visierwinkel von 70 bis 75°. Nachfolgend wurde unter Zuhilfenahme der Abgase des luftraumverletzenden Flugzeuges die Entfernung auf 200 m verkürzt.

Um 16.57 Uhr, nach dem Abbruch des Angriffes von Hauptmann Sinowjew, vollzog ich eine innere Linkskurve und erhielt den Befehl des Gefechtstandes der Jagdfliegerdivision zur Feuereröffnung und Vernichtung mit unlenkbaren Raketengeschossen S-5, mit einer Reichweite von 150 m sowie einer Zielverkürzung. Die Spur der Rakete und der Treffer waren deutlich zu beobachten. Im Ergebnis des Treffers zeigte sich Rauch im Bereich des linken Triebwerks. Aufgrund der geringen Schussweite und des kurzen zeitlichen Intervalls kamen unwillkürlich Splitter in die Flugbahn, mit den Folgen eines Durchschlags des rechten aufgehängten Zusatztanks, was nach der Landung festgestellt wurde. Wegen der Schnelligkeit des Luftkampfs und der schnellen Verkürzung der Schussentfernung, war ein weiteres Schießen mit den Raketen unmöglich, da bei einer Entfernung unter 110 m die Zeit zum scharfmachen des Zünders R-3 des Raketengeschosses S-5 nicht gewährleistet war und so ein weiteres Schießen mit ihnen nicht effektiv gewesen wäre.

Bei einer Entfernung von 80 bis 100 m erfolgte der Beschuss mit den Flugzeugkanonen NR-23. Beobachtete einzelne Treffer im Bereich des Stabilisators und im unteren Bereich des Flugzeugrumpfs, sowie bei den Bremsklappen. Das Ergebnis des Angriffes meldete ich dem Gefechtsstand der Jagdfliegerdivision. Die Attacke wurde mit dem Abflug nach rechts mit steigender Höhe beendet.

Nachfolgend ist das Ziel mit einer zunehmenden Linksneigung in eine tiefe Spirale übergegangen. Beobachtete das Öffnen dreier Fallschirme. Nach der Meldung an den Gefechtsstand über die Fallschirmabsprünge und die Explosion des luftraumverletzenden Flugzeuges erhielt ich den Befehl zum Abflug aus der Zone des Luftkampfes und zur Landung auf dem Flugplatz ›Altes Lager‹.«[73]

Was hier in etwas unbeholfener Militärsprache daherkommt, hätte leicht die Beschreibung des Beginns des Dritten Weltkriegs sein können. Der Bericht des »Dienstältesten Fliegers« Hauptmann Iwannikow beschreibt den Abschuss eines Luftbildaufklärers der US Air Force, der, von Sembach in der BRD kommend, mit Spionageauftrag in den Luftraum der DDR eindrang. Südlich von Altenhausen (Kreis Haldensleben) wird der Eindringling von sowjetischen Jagdfliegern gestellt, zur Landung aufgefordert und, da die Besatzung nicht reagiert, mit Warnschüssen auf den Ernst der Lage aufmerksam gemacht.

Als alle Forderungen unbeantwortet bleiben, wird die RB-66 von Iwannikows MiG-19 abgeschossen. Die Maschine der US Air Force stürzt auf ein freies Feld nördlich von Gardelegen. Zwei Besatzungsmitglieder der amerikanischen Maschine kommen in Gefangenschaft und einer ins Krankenhaus, der Vierte stirbt. Hauptmann Iwannikow erhält den Rotbannerorden.

Der Frieden ist, wie dieses Beispiel zeigt – es ließen sich weitere hinzufügen –, zu Zeiten des Kalten Krieges höchst gefährdet. Ein Funke hätte genügt, um das globale Pulverfass zur Explosion zu bringen.

Die USA spielten mit dem Feuer und planten insbesondere in den 50er Jahren einen vernichtenden Waffengang gegen die Sowjetunion und ihre Verbündeten, weil sie sich in militärstrategischer Hinsicht für überlegen hielten. Erst in den 60er Jahren, als die UdSSR durch gewaltige Rüstungsanstrengungen ein annäherndes Gleichgewicht hergestellt hatte, ließen sich die USA und ihre Verbündeten auf Abrüstungsgespräche ein. Die Erkenntnis, dass man als Zweiter stirbt, wenn man als Erster schießt, zwang zur Vernunft.

Bis dahin aber kannten die USA keine Zurückhaltung. 1956 konzipierten US-Militärs einen vernichtenden Schlag gegen die Sowjetunion, der 1959 geführt werden sollte. Teil dieser Planung war die Fixierung von Zielen im sogenannten Ostblock, über die Atombomben abgeworfen werden sollten. Allein gegen Moskau sollten 179 Nuklearwaffen eingesetzt werden, für das von den Nazis drei Jahre lang belagerte Leningrad waren 145 vorgesehen, und die DDR-Hauptstadt sollte 91 Treffer erhalten. Dass dabei der Westteil Berlins in Mitleidenschaft gezogen werden könnte, schien ohne Belang. Dieser Plan kam nie zur Ausführung, und erst Ende 2015 erfuhr die zu Recht empörte Weltöffentlichkeit davon. »Die ausgewerteten 800 Seiten«, urteilte der Berliner Journalist René Heilig, »verändern nicht grundsätzlich die

Sicht auf den Irrsinn des Kalten Krieges. Wohl aber geben sie einen zusätzlichen Einblick in das politisch gewollte perfide Denken der US-Generalität.«[74]

Einer ihrer maßgebenden Köpfe war General Curtis E. LeMay[75], der im Zweiten Weltkrieg als Kommandeur der 8. US-Luftflotte den Spitznamen »Iron Ass« bekommen hatte, was sich mit »Eiserner Esel« oder »Eisenarsch« übersetzen lässt. Er drohte Fliegerbesatzungen das Kriegsgericht an, wenn sie sich weigerten, deutsche Städte in Schutt und Asche zu legen.

Als Oberbefehlshaber der Luftkrieges gegen Japan war LeMay verantwortlich für den Einsatz von Napalm gegen japanische Städte und deren Einwohner. Allein in Tokio kamen in einer Nacht 100 000 Menschen durch diese Brandbomben ums Leben, was ein Kriegsverbrechen darstellte.

Nach dem Ende des Zweiten Weltkrieges wollte er weiterfliegen bzw. -marschieren. 1949 forderte er, mit einem einzigen massiven nuklearen Erstschlag die Sowjetunion auszulöschen. Dabei sollten sämtliche damals vorhandenen US-Atombomben (133 Stück) innerhalb von 30 Tagen auf insgesamt 70 sowjetische Städte abgeworfen werden.«[76]

In der Kubakrise 1962 geriet LeMay mit Präsident John F. Kennedy und Verteidigungsminister Robert McNamara[77] in Streit. Der General verlangte eine aggressivere Haltung gegenüber der Sowjetunion und dem revolutionären Kuba. Er war der Meinung, dass die USA einen Atomkrieg gegen die Sowjetunion wagen sollten, solange sie ihn noch gewinnen könnten, denn die USA besaßen zu jenem Zeitpunkt siebzehnmal mehr Nuklearwaffen als die Sowjetunion. So verlangte er energisch die Erlaubnis, die in Kuba stationierten sowjetischen Raketenbasen bombardieren zu dürfen. LeMay selbst ging davon aus, 90 Prozent der Stellungen vernichten zu können.

Auf dieser aggressiven Linie des Rollback lag die »Anweisung 123« vom 2. März 1955 der NATO. Sie enthält den Plan für die Operation DECO II, welche die »Befreiung der SBZ« durch militärische Besetzung »des mitteldeutschen Raums bis zur Oder-Neiße-Linie« vorsah. Unterschrieben war das Dokument von Generalleutnant Adolf Heusinger, zu jenem Zeitpunkt Leiter der militärischen Abteilung im Amt Blanck, dem Vorgänger des Bundesverteidigungsministeriums. Heusinger diente in vier Armeen, in der des Nazireiches leitete er zuletzt die Operationsabteilung des Generalstabes im Oberkommando des Heeres.

DECO II sah in der ersten Phase die Besetzung aller neuralgischen Punkte in Ostberlin – von Bahnhöfen über Rundfunksender bis zu Kraftwerken – durch in Zivil eingesickerte Verbände des Westens vor. Danach sollten zu Land, über die Ostsee und aus der Luft schwere militärische Schläge erfolgen und die Zone »befreit« werden. In Manövern auf Bundesgebiet wurde dieser Ostritt trainiert.

Diese Planungen waren in der DDR bekannt.

Und sie wurden in den DEFA-Film integriert, um die tatsächliche Bedrohung der DDR sichtbar und emotional greifbar zu machen. In einem der Tresore, die »Hansen« in Würzburg stahl, fand sich dieser »Plan X«. Das war ein dramaturgischer Kunstgriff, ein legitimes künstlerisches Mittel. Die DEFA verwies auf eben diesen politischen und militärischen Kontext, in den sie ihr Kunstwerk gestellt hatte. Der Film kam in die Kinos, »als die Regierenden in Washington, Bonn und andernorts sich noch in dem Wahn wiegten, sie könnten am ›Tag X‹ den Sozialismus nach Osten ›zurückrollen‹, um zumindest die DDR wieder unter die Fuchtel der Herren Flick, Abs & Co. zu bringen. Eben deshalb weigerten sie sich so hartnäckig, die Existenz der DDR zur Kenntnis zu nehmen. Bonner Kanzler, an deren Namen man sich heute nur noch mit Mühe erinnert, sprachen überheblich von ›Zone‹ und abfällig von ›Gebilde‹. Der Kalte Krieg war noch in vollem Gange, von friedlicher Koexistenz und geregeltem Miteinander beider deutscher Staaten, das die DDR immer wieder vorschlug, konnte damals keine Rede sein. In dieser Situation erschien ›for eyes only‹, und man kann sagen: genau zur rechten Zeit.«[78]

Bevor der Film in die Kinos kam, war er gründlich begutachtet worden. Oberstleutnant Gerhard Kehl, verantwortlich für die Öffentlichkeitsarbeit des MfS, war von dem Streifen angetan, er mache deutlich, dass die Auslandsaufklärung nötig und die Arbeit des Ministeriums erfolgreich sei. Das positive Votum an den Kinokassen führte dazu, das nahezu alle an der Produktion Beteiligten – von den Drehbuchautoren über die Schnittmeisterin bis hin zu den Hauptdarstellern – die Verdienstmedaille der Nationalen Volksarmee bekamen, eine Auszeichnung, für die ein Offizier lange dienen musste.

Die *Berliner Zeitung* befand, dass der Film kein Selbstzweck zur Befriedigung berechtigter Unterhaltungsbedürfnisse sei. Vielmehr zeige er »wichtige politische Zusammenhänge unseres Kampfes um den Frieden in Deutschland und Europa«. Der Held habe ein »echtes und menschliches Profil«, vermeide jede »falsche und schädliche Spionageromantik« und verdeutliche, dass die Tätigkeit des MfS »eine für die Existenz unseres Staates notwendige und schwere Arbeit« sei.[79]

Kaum einer ahnte jedoch, was sich in den Kulissen zuvor zugetragen hatte. Hans Lucke, seinerzeit Dramaturg des DEFA-Studios für Spielfilme, erzählte in Gunther Scholz' Dokumentarfilm über »for eyes only« folgende aberwitzige Geschichte: Nach der Studioabnahme in Babelsberg wurde der Strei-

Für Alfred Müller, der den »Hansen« spielte, bedeutete diese Rolle den schauspielerischen Durchbruch

fen dem Ministerium für Kultur zur staatlichen Abnahme vorgestellt. Zu diesem Zwecke versammelte man sich mit Hans Rodenberg, dem für Film zuständigen stellvertretenden Minister, zu einer gemeinsamen Vorführung. Und als die Lichter wieder angingen und alle gespannt auf den Minister schauten, passierte Unerwartetes: Rodenberg verriss den Film! Die Macher bezichtigte er der politischen Fahrlässigkeit, konkret monierte er, dass die Verantwortlichen im MfS, die den Coup geplant hätten, nicht angemessen gewürdigt würden, die Schauspieler in diesen Rollen seien zudem falsch besetzt. Den Darstellern der gegnerischen Seite seien sie nicht gewachsen, sie verfügten weder über deren intellektuelles Niveau noch deren persönliche Ausstrahlung. So würde nicht plausibel, warum der DDR-Nachrichtendienst dem westlichen Gegner eine derart herbe Niederlage beibringen konnte. In der vorliegenden Fassung, so das finale Urteil des Film-Ministers, käme der Film auf keinen Fall ins Kino.

Also wurden alle Szenen, die in Berlin spielten und in denen Offiziere des MfS auftraten, in neuer Besetzung nachgedreht. Martin Flörchinger spielte einen Oberst, Horst Schönemann einen Major und Eberhard Esche einen Leutnant. Für den Nachdreh mussten längst abgebaute Kulissen erneut errichtet werden. Tatsache: Der Film gewann dadurch. Er erhielt einen Zuspruch, den, wie Hauptdarsteller Alfred Müller später offenbarte, niemand erwartet hatte. Auch wenn dem Film das Prädikat »Künstlerisch besonders wertvoll« verweigert worden war.

AKTU[…]
SERIE DEFA-FILME

■ 007 privat Schmunzelnd erinnert sich Alfred Müller: „Nach der Wende fragten mich Journalisten sogar, ob ich wirklich ein Agent war"

for eyes only

Unsere schönsten DEFA-Filme

SUPERillu

ZUR DVD »FOR EYES ONLY«

Was war im Panzerschrank?

Den Top-Agenten aus dem DEFA-Thriller gab es, anderes war frei erfunden. Hintergründe eines Streifens, bei dem der Filmminister nach dem Dreh Darsteller auswechseln ließ

Mitten im sonnigen Juli 1963 kam der erste DEFA-Agentenfilm »for eyes only« in die DDR-Kinos. Innerhalb der beliebten »Sommerfilmtage« wurde er auf den großen Freilichtbühnen des Landes eingesetzt und überschritt im Laufe von nur dreizehn Wochen die magische Grenze von einer Million Zuschauern. Auch nach über vierzig Jahren hält das Interesse an: In der Umfrage der SUPERillu nach den beliebtesten DEFA-Produktionen wurde der Titel immer wieder genannt.

Es war kurz nach dem Mauerbau, als die DEFA eine Einladung ins Ministerium für Staatssicherheit erhielt. Die dortige Propaganda- und Presseabteilung konfrontierte die Filmleute mit dem Wunsch, endlich einen publikumswirksamen „sozialistischen Kundschafterfilm" zu drehen. Auch eine entsprechende Story hatte man parat: Hauptfigur sollte ein in Westdeutschland operierender MfS-Agent sein, dem es gelingt, einen Panzerschrank aus einem Büro des US-Geheimdienstes MID in den Osten zu bringen. Spektakulärer Höhepunkt des Films war die Entdeckung, dass sich im Tresor ein Geheimpapier mit dem NATO-Plan eines Angriffs auf die DDR befand.

Der echte »Hansen« hieß Horst Hesse

Zunächst setzte sich der Theaterautor und Schauspieler Hans Lucke an eine Ideenskizze. Wenig später übernahm der Weimarer Schriftsteller Harry Thürk die Arbeit am Drehbuch. Er war als Verfasser von harten Kriegs- und Abenteuerromanen wie »Die Stunde der toten Augen« bekannt und wusste sehr gut, wie man Spannung aufbaut und einen Helden durch brenzlige Situationen führt. Für eine Geschichte über die bisher streng tabuisierte Spionagetätigkeit von DDR-Agenten im Westen erhoffte man sich ein großes Zuschauerinteresse. Fast zeitgleich mit James Bond, dem Geheimagenten Ihrer britischen Majestät, trat nun also auch der MfS-Majo[r] Hansen auf den Plan.

Der echte Hansen. Das real[e] Vorbild hieß Horst Hesse. Vor seine[r] Karriere als „Kundschafter für de[n] Frieden" hatte er als Dispatcher i[m] Ernst-Thälmann-Werk Magdebur[g] gearbeitet. In den frühen 50er Jahren war er von der MID zu[r] Agententätigkeit gegen die DD[R] angeworben worden. Allerdings hat[te] er sich sofort der Staatssicherhe[it] offenbart, die ihn anwies, unbeding[t] auf das westliche Angebot einzuge[hen]. So stieg er im Laufe mehrere[r] Jahre bis zu einer Führungspositio[n] im Würzburger Quartier der MI[D] auf. Während der Pfingstfeiertag[e] 1956 gelang es ihm, mit zwei ver[-]schlossenen Safes, in denen sich auc[h] die erwähnten brisanten Unterlage[n] befunden haben sollen, in die DD[R]

■ Undercover Hansen hört, wie ein Offizier des amerikanischen MID seine Integrität anzweifelt

24 | SUPERillu Nr. 19/2007

Bitte blättern Sie um

Hauptdarsteller Alfred Müller (1926–2010) »enthüllt« in einem Boulevard-Magazin ein Geheimnis, 2007

Er war lediglich »Besonders wertvoll«. Dieses Prädikat teilte er sich mit wenigen anderen Produktionen in der DEFA-Geschichte: mit dem Dokumentarfilm

»Schaut auf diese Stadt« von Karl Gass, 1962 zum Jahrestag des Mauerbaus gedreht, und den Spielfilmen »Einer trage des anderen Last« (1987) und »Der Bruch« (1988).

Für Alfred Müller (»Hansen«), der als Schauspieler am Berliner Maxim-Gorki-Theater beschäftigt war, bedeutete der Film den Beginn einer bemerkenswerten Filmlaufbahn. Günther Simon, dem ursprünglich diese Rolle angeboten worden war, hatte abgelehnt. Kurz zuvor hatte er in zwei erfolgreichen DEFA-Filmen den KPD-Vorsitzenden Ernst Thälmann verkörpert, er wurde geradezu mit ihm identifiziert. Die Zuschauer würden, so Simon, unterbewusst schließen, Ernst Thälmann würde sich nun mit Spionen herumschlagen.

Lebenslinien

Nachdem Horst und Ruth Hesse geschieden waren, wurde Horst Hesse, inzwischen im Range eines Leutnants Mitarbeiter des MfS, in die Berliner Zentrale versetzt. Die kleine Familie – Hesses älteste Tochter Marion zog mit ihm in die Hauptstadt – bezog in Karlshorst, dem südlichen Zipfel des Stadtbezirks Lichtenberg, eine kleine Wohnung.[80] Dort wähnte man den Top-Agenten sicher, denn in diesem Gebiet hatte die Sowjetarmee das Sagen, es war von einer Sperrmauer umzäumt. Im Zentrum des Objektes befand sich das einstige Offizierskasino, in welchem in der Nacht vom 8. auf den 9. Mai 1945 das Hitlerreich bedingungslos kapituliert hatte.

Dort entstand 1967 eine deutsch-sowjetische Gedenkstätte, die daran erinnerte. Sie hieß »Museum des Sieges«. Seit 1991 besteht es als Deutsch-Russisches Museum Berlin-Karlshorst weiter.

In Karlshorst lebten und arbeiteten Offiziere der Sowjetarmee mit ihren Familien. Sie hatten ein eigenes Theater und einen Kindergarten, den Kinder der sowjetischen Soldaten ebenso besuchten wie die deutschen Kinder aus Karlshorst. Dort erlernte Hesses Tochter Marion den Beruf der Kindergärtnerin.

In Berlin lernte Horst Hesse seine zweite Frau Anneliese Gleibs kennen. Sie stammte aus Schneidemühl in Großpolen. Schneidemühl heißt heute Piła. Von Beruf war sie Schneiderin. Ihre Familie, die Familie Boldt, war aus dem seit 1945 zu Polen gehörenden Gebiet ausgesiedelt worden und kam nach Kehrberg, einem kleinen Ort in der Prignitz, der heute zur Gemeinde Groß Pankow gehört.

Anneliese Gleibs war Zeugin in einem Verfahren, das am 14. Juni 1955 vor dem I. Strafsenat des Obersten Gerichts der DDR stattfand. Als »Benkowitz-Prozess« machte er Schlagzeilen in der Propagandaschlacht zwischen den beiden deutschen Staaten.

Der Hauptangeklagte Gerhard Benkowitz, Jahrgang 1923, war Russischlehrer und stellvertretender Schuldirektor in Buttstädt bei Weimar, als er verhaftet wurde. Seit 1949 hatte er mit der in Westberlin ansässigen »Kampfgruppe gegen Unmenschlichkeit« (KgU) zusammengearbeitet. Das war eine Terror- und Spionageorganisation, die für US-amerikanische Geheimdienste, vor allem das CIC, gegen die DDR aktiv war. »Zersetzungsarbeit« nannte die KgU ihre Tätigkeit, »zweckgerichtete antikommunistische Propaganda und psychologische Kriegsführung«.[81]

Aber nicht nur das Counter Intelligence Corps, die US-Spionageabewehr, interessierte sich für die

Das deutsch-russische Museum in Berlin-Karlshorst

aus der DDR beschafften Informationen, sondern auch bundesdeutsche Dienststellen, weshalb der Westberliner Senat, das Bundesministerium des Innern und das Bundesministerium für Gesamtdeutsche Fragen die im Charlottenburger Vereinsregister eingetragene Terrororganisation unterstützte.

Im Mai 1951 wurde in der DDR Trockenmilch durch Seife ungenießbar gemacht, im Juni Milch mit Sacharin vergällt. Im Dezember legte ein Kurzschluss das Elektrizitätswerk Eberswalde lahm. Anfang 1952 waren Tank- und Güterzüge der Deutschen Reichsbahn Sabotageziele, im August wurde eine Diesellokomotive zum Entgleisen gebracht.

Auch auf dem Gebiet der Desinformation versuchte sich die Diversantentruppe. Sie verfasste Briefe, die sich als Schreiben von DDR-Institutionen ausgaben und destruktive Maßnahmen anwiesen.

Anneliese Hesse (1923–1984), geborene Boldt, geschiedene Gleibs, 1958. Seine zweite Frau lernte Horst Hesse in Berlin kennen. Aus dieser Verbindung gingen drei Kinder hervor: Petra, Michael und Bernd. Horst Gleibs, der Sohn aus der geschiedenen Ehe seiner Frau, wird von Horst adoptiert und trägt darum auch den Namen Hesse

Damit sollten »administrative Störungen« erzeugt werden. Sie schrieb der »Deutschen Innen- und Außenhandel Bergbau« der Firma Fabiane in Hohenbocka bei Senftenberg angeblich, den Export von Kristallquarzsand einzustellen – das Quarzsandwerk gibt es übrigens heute noch. Von solchen Briefen, auf aus Ämtern, Behörden und Betrieben entwendeten Briefbögen gedruckt, wurden vier- bis sechshundert pro Monat verschickt. Auch brachte man in der DDR gefälschte Briefmarken in Umlauf. Über die DDR regneten über die Jahre ungefähr 67 Millionen Flugschriften und Handzettel nieder, die mit Ballons über die Grenze schwebten.

Das MfS verfolge diese Aktivitäten intensiv, und die DDR-Justiz reagierte mit harten Strafen. Schließlich kamen die verantwortlichen Geldgeber in der Bundesrepublik zu der Auffassung, dass der Nutzen der Diversionstätigkeit der KgU in keinem Verhältnis zum Aufwand stünde. 1959 drehten sie der Organisation den Geldhahn zu. Die Akten des Westberliner Vereins teilten sich die CIA und der Bundesnachrichtendienst brüderlich. Das MfS schloss den Vorgang ab und archivierte sein Wissen.

Anneliese Gleibs, deren erste Ehe als zerrüttet galt, erhielt von einer Bekannten den Tipp, doch mal nach Westberlin zu fahren. Dort wisse die KgU gewiss Rat. Vor Ort hörte sich ein freundlicher Mitarbeiter ihre Geschichte an, zeigte Mitgefühl, meinte aber, dass er mehr über die konkreten Umstände, vor allem im Arbeitsumfeld des Noch-Ehemannes, wissen müsse. Als Anneliese Gleibs nach Wochen wieder nach Westberlin fuhr, wusste sie mehr zu erzählen. Die Falle schnappte zu: Sie klebte an der Leimrute der KgU.

Über die Aufträge, mit denen sie betraut wurde, sagte sie vor Gericht aus: Sie versandte Briefe mit dem gefälschten Briefkopf des Ministeriums für Schwermaschinenbau, die »administrative Störungen« der DDR-Volkswirtschaft stiften sollten. Außerdem sollte sie gefälschte Lebensmittelmarken mit dem Ziel in Umlauf bringen, die ohnehin angespannte Versorgungslage in der DDR zu verschärfen. Sie hatte Skrupel und sprach die auch in Westberlin bei der KgU an. Aber man warnte sie, von der Fahne zu gehen, und drohte mit ihrer Denunziation, was zu einer langen Haft in der DDR führen würde.

Anneliese Gleibs suchte mutig den Kontakt zum MfS. Dort entschied man sofort, aus der Selbststellerin eine Doppelagentin zu machen. Sie solle die Aktionen der KgU beobachten, die leitenden Mitarbeiter aufklären und über Planungen berichten. Das tat sie. Als die Gruppe um Benkowitz im April 1955 schließlich ausgehoben wurde, stand sie als Zeugin der Anklage zur Verfügung.

In der Aufarbeitung dieses Prozesses, so zum Beispiel in der Broschüre »In Sachen Benkowitz und andere«, herausgegeben von der Abteilung Agitation und Presse/Rundfunk des Zentralkomitees der SED, tritt sie in der Rolle der bereuenden Überläuferin auf, die, von Skrupel und Vernunft getrieben, auf den rechten Weg findet, sich den Sicherheitsorganen der DDR offenbart und mit ihnen zusammenarbeitet.

Zum Lohn wurde sie nicht verhaftet und blieb in Freiheit. Die Abteilung Agitation hob hervor: »Für jeden der Angeklagten hätte dieser Weg offen gestanden.«[82]

Nachdem Horst Hesse mit seiner Tochter Marion nach Karlshorst gezogen war, lernte er Anneliese Gleibs durch seine Tätigkeit im Ministerium kennen.

Eberswalde

1962 verzog die Familie Hesse nach Eberswalde in die Goethestraße 6. Sie bestand zu jener Zeit aus sechs Personen: neben Horst und seiner zweiten Ehefrau Anneliese deren Sohn Horst aus erster Ehe sowie die zwischen 1959 und 1962 geborenen gemeinsamen Kinder Petra, Michael und Bernd.

Horst Hesse erhielt den Auftrag, die Abteilung M in der Kreisdienststelle des MfS aufzubauen. Diese Abteilung gehörte dienstrechtlich zur Spionageabwehr. Die Tätigkeit der Abteilung M wurde 1953 durch den Ministerrat der DDR geregelt. Seinerzeit wurde bestimmt, dass dem damaligen Staatssekretariat für Staatssicherheit »zur Aufdeckung, Unterbindung und Entlarvung feindlicher Tätigkeit die Zensur, die Beobachtung und die Verwendung technischer Mittel«[83] gestattet ist. Das war nichts anderes als das, was die MID tat. Der feine, aber wesentliche Unterschied: In Würzburg schnüffelte man in der Post, um Informationen und Agenten für eine mögliche Aggression gegen die »Zone« zu gewinnen, hier tat man es, um sich davor zu schützen.

Und nicht nur die Alliierten öffneten die Post. Bereits 1951 erließ die Bundesregierung die »Interzonenüberwachungsverordnung«. Sie war über vierzig Jahre lang in Kraft und galt auch bundesdeutschen Beamten als »gesetzlose Verwaltungspraxis«. Doch die Kritik nutzte nichts – die Regierung Adenauer setzte die Postschnüffelei auf Druck der Alliierten gehorsam um: Sobald ein Zug mit Post aus der DDR die Grenze passierte, stiegen Mitarbeiter der Bundespost zu und begannen eifrig, die Sendungen vorzusortieren. Um Verdächtiges aus dem Verkehr zu ziehen, gab es in Hamburg, Hannover, Bad Hersfeld und Hof sogenannte »Aussonderungsstellen«. Aber nicht nur DDR-Propagandamaterial wurde beiseite geschafft. Allein bis 1968 sollen auf diese Weise 250 bis 300 Millionen Postsendungen aus der DDR »zensiert« worden sein.

Auch öffnete der BND wahllos Post aus der DDR, um ein qualifiziertes Stimmungsbild zu erhalten. Zuständig war die Abteilung I »Operative Aufklärung«. Die Struktur wies eine Unterabteilung 14 »Rezeptive Informationsbeschaffung« auf. »Hier wurden Ausgangs- und Kontrollinformationen für die Werbung neuer Spione/Agenten und für die Organisierung der Spionage erarbeitet. Dazu gehörten im Referat A das Grenzmeldenetz mit 64 Grenzübergangsstellen, das Referat B, zuständig für die Post- und Fernmeldekontrolle, abgedeckt als Hauptstelle für spezielle Datenverarbeitung mit zwölf Außenstellen, u.a. in

Bonn, München, Hof, Bad Hersfeld, Frankfurt am Main, Köln, Helmstedt.«[84]

Der Freiburger Historiker Josef Foschepoth schätzte ein: »Die Bundesrepublik dürfte das am besten überwachte Land im demokratischen Westen gewesen sein.«[85]

Darüber spricht man bis heute nicht, dafür steht die DDR wegen ihrer Postkontrolle am Pranger. Es wird behauptet, dass bis zu 2200 Mitarbeiter des MfS, in Post- und Zolluniformen gekleidet, die Postkontrolle und die Telefonüberwachung vorgenommen hätten.[86] Das MfS habe eine flächendeckende Post- und Telefonkontrolle betrieben. In einem Land, in dem nur jeder zehnte Bürger über einen Telefonanschluss verfügte, wohl kaum zu realisieren.

Eberswalde zählt rund 30000 Einwohner, als sich Horst Hesse dort niederlässt. Er ist Oberleutnant und gerade mal vierzig Jahre alt, als er den Befehl erhält, die Abteilung M aufbauen. Ob seine Vorgesetzten bewusst seine in Würzburg diesbezüglich gesammelten Erfahrungen nutzen möchten, ist nicht belegt, aber nicht ganz von der Hand zu weisen.

Sein Arbeitsplatz befindet sich in der Straße der Jugend, heute Breite Straße. Die sogenannte »Villa Sonnenschein« wurde am 5. Dezember 1989 besetzt.

Zu jener Zeit war Hesse längst Rentner. Er musste aufgrund seiner schweren Verletzungen, die er während des Krieges erlitten hatte, mit 44 Jahren invalidisiert werden. Der Oberleutnant a.D. zieht sich 1966 zwangsweise aus dem aktiven Dienst zurück, drei Jahre später verzieht er nach Schwedt.

Abspann

Seine letzten Lebensjahrzehnte verbrachte Horst Hesse in Schwedt an der Oder, dort ist er auch 2006 verstorben. Die Stadt in der Uckermark ist in den letzten Kriegsmonaten völlig zerstört worden. Sie war im Februar 1945 von den Faschisten zur Festung erklärt worden, nachdem der »Mussolini-Befreier« Otto Skorzeny vergeblich versucht hatte, einen Brückenkopf östlich der Oder zu bilden.

Schwedt gilt nicht gerade als Sehnsuchtsort der DDR-Bürger. Vor allem aber unter Soldaten der Nationalen Volksarmee hatte Schwedt einen Ruf wie Donnerhall. »Ab nach Schwedt!« hatte in der NVA den gleichen Klang wie »Ab nach Spandau!« zu Zeiten von Friedrich II. Seit 1968 befand sich dort nämlich das einzige Militärgefängnis der DDR.

Vor allem aber stand und steht der Name Schwedt für die riesige Raffinerie, die seit 1963 hauptsächlich Kraftstoffe produziert. Dort endete die Erdölleitung »Freundschaft«, durch die damals sowjetisches Öl floss, heute führt sie russisches Öl. In Schwedt produziert auch eine große Papierfabrik, die es ebenso wie das Petrolchemische Kombinat noch heute gibt. Die Industrieansiedlung in der dünn besiedelten und an Arbeitsplätzen armen Uckermark war eine infrastrukturelle Entscheidung der DDR-Führung. Wie in anderen menschenleeren Gegenden wurden bewusst Betriebe errichtet. Und um diese gruppierten sich dann alle anderen Einrichtungen: Wohnungen, Kindergärten und Schulen, Krankenhäuser und Sportanlagen, Theater und andere Kultureinrichtungen. Die Entwicklung von Schwedt ist rasant: 1981 zählte man 52000 Einwohner – dreißig Jahre später sind es gerade noch 30000. Leerstehende Wohnblöcke werden abgerissen, »Rückbau« heißt das. Das Theater am Ende der Lindenallee erhebt sich heute wie ein steinernes Monument für Kultur und Bürgersinn vor der sanften Oderkulisse.

Horst Hesse war fast die Hälfte seines Lebens Rentner. Für eine agile, lebensbejahende Persönlichkeit wie ihn eigentlich kein Zustand. Zur Ruhe setzte er sich deshalb noch lange nicht. Sein Einsatz in Würzburg hatte ihn zum Helden, zur Persönlichkeit des öffentlichen Lebens gemacht. Der Film trug zusätzlich dazu bei.

Und so reiste er durchs Land, um seine Geschichte zu erzählen, damit junge Mitarbeiter des Ministeriums für Staatssicherheit, Soldaten der NVA, aber auch Zuschauer des Films, Schüler und Brigaden in den volkseigenen Betrieben, erfuhren, was sich in den 50er Jahren zugetragen hatte und warum er, der

Das FDJ-Magazin *Neues Leben* würdigte Horst Hesse 1979 in einem großen Beitrag, dazu wurde diese Aufnahme gestellt

Feinmechaniker aus Magdeburg, diese Aufgabe auf sich genommen hatte.

Zu seinem 60. Geburtstag 1982 wurde Hesse mit dem »Kampforden für Verdienste um Volk und Vaterland« in Gold ausgezeichnet. Die Verleihung erfolgte durch Erich Mielke. Der Armeegeneral hob in seiner Laudatio ausdrücklich hervor, dass Horst Hesse diese Auszeichnung »für Verdienste bei der zuverlässigen Pflichterfüllung, seine hohe Einsatz- und Opferbereitschaft, seinen Mut und das entschlossene Handeln bei der Lösung komplizierter Aufgaben im Operationsgebiet« erhalte »sowie für seine umfangreiche politisch-ideologische Arbeit im Rahmen der sozialistischen Erziehung der Jugendlichen in Betrieben und Schulen und der Entwicklung junger Tschekisten in unserem Organ«.

In dem Maße, wie Hesse sich um die »politisch-ideologische Arbeit im Rahmen der sozialistischen

Als Kundschafter im Dienste des Friedens

Zum 65. Geburtstag von Horst Hesse

Für den Arbeiter Hor
am 12. Mai 1922 in M
als Sohn eines Maschin
sers geboren, unter A
aufgewachsen, war e
schwer zu erkennen,
Schuldigen und Verdie
zweiten Weltkrieg warer
1945, 23jährig, nach zwe
schwerer Verwundung,
Heimatstadt Magdeburg
Stadt voller Trümmer –
kehrte.
Sehr bald verließ der
Hesse des ehemaligen
Betriebes in Magdeburg,
tigen volkseigenen
Thälmann-Werkes, seine
bank, um als Angehöri
Deutschen Volkspolizei
volkseigen gewordenen
tum zuverlässig schützen
fen. In dieser Zeit wurde

glied der Partei der Ar
klasse. Nach seinem Ehrer
in den Reihen der DVP w
nosse Hesse Dispatche
Ernst-Thälmann-Werk. Hi
gann sich der Feind für ihn
teressieren. So erhielt er
Tages eine Einladung nach
berlin.

In den Maitagen des Jahres
956 schickte der amerikanische
Geheimdienst vergeblich folgen-
len alarmierenden Funkspruch
n den Äther:
„OFFENER FUNKSPRUCH
ICAG 0666. ERGREIFUNG
INES DEUTSCHEN BÜRGERS.
OLGENDE INFORMATION

Das SED-Bezirksorgan *Neuer Tag,* heute *Märkische Oderzeitung,* gratulierte am 12. Mai 1987 zum 65. Geburtstag

Erziehung« verdient machte, gehörte seine Biografie nicht mehr ihm selbst. Seine Geschichte war Teil der Staatsdoktrin der DDR geworden: Weltoffen war das Land in der Mitte Europas, doch bedroht aus dem Westen, friedliebend waren die Menschen zwischen Ostsee und Thüringer Wald, doch wachsam und wehrhaft zugleich! Gern bemühte man Wilhelm Buschs Gedicht »Bewaffneter Friede«, in dem von einem Igel berichtet wird: »Und allsogleich macht er sich rund,/schließt seinen dichten Stachelbund./Und trotzt getrost der ganzen Welt,/Bewaffnet, doch als Friedensheld.«[87]

Was Wunder also, dass ihm das, was er zu berichten hatte, von den Öffentlichkeitsarbeitern des MfS vorgeschrieben worden war. Und da erschien plötzlich im vorgefertigten Redemanuskript der Angriffsplan der NATO. Horst Hesse hätte stutzig werden müssen: Ihm war sicher bekannt, dass diese Pläne längst vor seinem Würzburger Aktenraub in die Hände des Warschauer Vertrages gelangt waren, schließlich las er Zeitung und wusste als erfahrener Nachrichtendienst-Mann, dass Militärs ohnehin mehr Pläne haben als Toilettenpapier.

In den Berichten von Hesses Berliner Pressekonferenz im Juli 1956 war von einem NATO-Angriffsplan noch keine Rede.

Es stellt sich darum die Frage, warum Horst Hesse später berichtete, er hätte neben Ausweisdokumenten und Agentenlisten auch eben diesen Angriffsplan im Gepäck gehabt, als er zu Pfingsten 1956 bei Marienborn über die Grenze rollte? Geschah es aus persönlicher Eitelkeit, um sich ein wenig wichtiger zu machen? War es Vorgabe? Oder floss, was bei Zeitzeugen nicht unüblich ist, selbst Erlebtes mit später Angelesenem und Gehörtem zusammen, so dass man irgendwann glaubte, es selbst erfahren zu haben und beteiligt gewesen zu sein? Wir können Horst Hesse dazu nicht mehr befragen.

Am Ende seines Lebens hat er in einer schwachen Stunde gemeint, er sei getäuscht worden, das vorgegebene Redemanuskript habe ihm von Anfang an nicht behagt. Aber er hat sich daran gehalten, aus Parteidisziplin. Falsch war es jedoch nicht, was er damals sagte.

Als auch in Schwedt an der Oder 1989/90 die Verhältnisse umstürzten, löste sich Horst Hesses soziales, gesellschaftliches und politisches Umfeld auf. Bekannte, die vormals freundlich auf dem Fußweg durch das Quartier innehielten und mit ihm, dem Horst, einen Plausch hielten, wechselten plötzlich die Straßenseite, wenn sie ihn kommen sahen. Seine Frau Ursula, die Horst Hesse geheiratet hatte, nachdem seine zweite Frau Anneliese 1984 verstorben war, arbeitete damals im Rat der Stadt Schwedt. Gerüchte und Unterstellungen machten die Runde. Sie wurde im Büro unvermittelt gefragt, ob es stimme, dass ihr Mann verhaftet worden sei? Verunsichert rief sie zu Hause an: Horst saß auf der Couch, nicht im Gefängnis.

Aber nicht nur das »Stadtgespräch« hatte da etwas falsch verstanden. Auch die Staatsanwaltschaft II im Westen Berlins wollte ihren Beitrag erbringen, um die Leistung des Horst Hesse nachträglich zu kriminalisieren. Diese Institution in Berlin-Moabit war zuständig für »DDR-Regierungskriminalität, DDR-

Letzte Wohnung Horst Hesses in Schwedt an der Oder, wo er mit seiner dritten Frau – Ursula Hesse, geborene Buchholz, geschiedene Karbe – bis zu seinem Tod 2006 lebte

Justizunrecht und vereinigungsbedingte Wirtschaftskriminalität«. Da Horst Hesse selbst bei großzügigster Auslegung des Strafgesetzbuches der DDR keine

Grabstein auf dem Friedhof in Schwedt

strafbare Handlung vorgeworfen werden konnte, besannen sich die bundesdeutschen Staatsanwälte der beiden Panzerschränke, die Horst Hesse alias Berger den USA gestohlen hatte – juristisch ging es um den

Vorwurf der Unterschlagung. Dieser Vorwurf war nicht verjährt, weil sich der Täter der Verfolgung durch Flucht in die DDR entzogen hatte. Also sollte Anklage wegen der Mosler-Safes erhoben werden, die Hesse mit Hilfe von Wax aus Würzburg entwendet hatte.

Allerdings gab es ein Problem. Zwar hätte der deutsche Staatsanwalt Klage erheben können, auch wenn der Bundesrepublik 1956 kein Schaden entstanden war, aber es bedurfte dennoch eines juristischen Opfers. Das waren die USA. Doch die bestritten beharrlich, einen Schaden erlitten zu haben. Nein, der MID sei damals nichts gestohlen worden: keine Tresore, keine Akten, da war überhaupt nichts. Und das, obgleich doch damals Horst Hesse in Abwesenheit zum Tode verurteilt worden war!

Die von Christoph Schaefgen geführte Staatsanwaltschaft versuchte daraufhin, Hesse wegen Beihilfe zur Freiheitsberaubung anzuklagen. Schließlich hätte Hesse mit den gestohlenen Unterlagen dazu beigetragen, dass in der DDR 137 Personen verhaftet und verurteilt worden waren. Hesse habe sich als Handlanger der »DDR-Unrechtsjustiz« schuldig gemacht. Dafür sollte er büßen. Allerdings fiel der Nachweis schwer: Wenn – was ja die Amerikaner behaupteten – in Würzburg keine Unterlagen abhanden gekommen waren, wie sollte dann Hesse diese 137 Menschen ins Gefängnis gebracht haben?

Die US-Administration wahrte das durch den »Intelligence Identities Protection Act« verordnete Stillschweigen, und Schaefgen musste das Ermittlungsverfahren gegen Horst Hesse gemäß § 170 Abs. 2 StPO einstellen, weil der Verdacht der Begehung einer Straftat nicht bestätigt werden konnte.

Hesses Fall war nicht der einzige, der so endete. Schaefgens Untertanen hatten 22 550 Ermittlungsverfahren eingeleitet, von denen 21 270 wieder eingestellt werden mussten. 506 Mal wurde Anklage gegen 877 ehemalige DDR-Bürger erhoben, 211 wurden verurteilt – zumeist zu Bewährungsstrafen. Die juristische Abrechnung mit der DDR endete wie das Schießen zu Hornberg.

Und was wurde aus den anderen Beteiligten, zum Beispiel aus Major John C. Walker? Horst Hesse, so erzählt seine Frau Ursula, habe sich das auch oft gefragt. Doch eine Antwort auf seine Frage habe er nie und nirgends erhalten. Im nebeldurchzogenen Labyrinth der US-amerikanischen Geheimdienste zeichnet sich ein undeutliches Bild ab. Es ist skizziert im Buch »The Making of a Spy« von Gerhardt B. Thamm.[88]

Thamm, Jahrgang 1930, war Mitarbeiter der MID und später der Defense Intelligence Agency (DIA), unter deren Dach die Nachrichtendienste der vier Teilstreitkräfte Army, Navy, Air Force und Marine Corps vereint sind. Thamm schrieb in seinen 2010 erschienen Erinnerungen: »Mitte der 50er Jahre ereignete sich ein Unfall. Es handelte sich für unsere Organisation um ein öffentliches und äußerst ärgerliches Ereignis. Wir hatten ein geheimes Haus in Würzburg, das – der *The Overseas Weekly (OW)*, einer reißerischen Gazette, den meisten bekannt unter *Oversexed Weekly,* zufolge – von einem Mr. Walker geleitet wurde. Die meisten von uns kannten das sichere Haus in der Eisenmannstraße als eine super Sache: leichtes Leben, dazu wenig Ärger und kaum physische Gefahr für jene, die dort arbeiten.

OW berichtete, dass die kommunistische ostdeutsche Propagandamaschine stolz einen ›Rückkehrer‹ vorzeigte, der, wie behauptet, mit Informationen in die Ostzone geflohen sei, die er vom hiesigen amerikanischen CIC-Hauptquartier gestohlen habe (eine Falschbezeichnung – es war tatsächlich von der MID, ein Militärgeheimdienst-Objekt also).

Der *OW* nach war der Mann, den die Ostdeutschen letzte Woche auf einer Pressekonferenz vorführten, der 34-jährige Horst Hesse. Er behauptete, er sei ein Angestellter des amerikanischen CIC-Büros in der Eisenmannstraße 4. Hauptaufgabe des Büros, so erzählte er Reportern, war die Auswahl von Flüchtlingen aus dem Osten mit dem Ziel, sie als amerikanische Agenten anzuwerben.

Hesse sagte, er sei 1953 von Ost- nach Westdeutschland gegangen, hätte bei der MID angeheuert und wäre im Mai diesen Jahres in den Osten übergelaufen. Als Zeichen für seine guten Absichten habe er einen randvollen Safe mit wichtigen Informationen über amerikanische Agenten in Ostdeutschland nach Berlin mitgebracht. Hesse zeigte einiges von dem Material, das er angeblich vom hiesigen Hauptquartier gestohlen hatte. Reporter merkten an, der Großteil des Materials bestehe aus gefälschten Presseausweisen und schlichten, leeren Personalausweisformularen.

Der ostdeutsche Ministerpräsident Otto Grotewohl kündigte bereits im Mai an, dass ein ehemaliger amerikanischer Mitarbeiter gestohlene Informationen übergeben habe, was zur Festnahme von 137 amerikanischen Agenten geführt hätte. Die Army bestritt, dass überhaupt irgendetwas aus dem Würzburger Hauptquartier gestohlen worden wäre. Die Grotewohl-Erklärung beantwortete USAREUE[89] mit der Bemerkung: ›Wir schätzen Herrn Grotewohl nicht als vertrauenswürdige Informationsquelle ein.‹

Diese Woche fügte die Army hinzu, dass niemand mit Namen Horst Hesse beim amerikanischen Militärgeheimdienst in Europa angestellt war. Eine deutsche Tageszeitung berichtete, dass Hesses unmittelbarer Vorgesetzter, ein gewisser Walker, gefeuert worden sei. Die Army erwiderte, dass niemand mit Namen Walker gefeuert worden sei – weder bei der MID in Würzburg noch irgendwo sonst.

Natürlich würde jede Aktenrecherche zu dem Ergebnis führen, dass wir nie einen Mr. Walker beschäftigt hatten, und wenn er doch existieren würde, wäre er nicht gefeuert worden – weder von der MID in Würzburg noch irgendwo sonst, und Horst Hesse hätte niemals für die MID gearbeitet.

OW berichtete weiter: Neben Artikeln in deutschen Tageszeitungen mit spekulativen Stories hatte die Mantel-und-Degen-Geschichte ein weiteres unmittelbares Ergebnis: Das Haus in der Eisenmannstraße steht nun leer. Die Amerikaner, die dort ein-

und ausgingen, sind verschwunden, und niemand kann sagen, wohin.

Sehr klar ist, dass jemand das Vertrauen, das der unbekannte Mr. Walker in ihn gesetzt hatte, enttäuscht hatte. Was tatsächlich geschehen war, war noch schlimmer als das, was die *OW* berichtete. Die Spezialagenten in der Eisenmannstraße haben äußerst fahrlässig gehandelt.

Einer meiner Bekannten, der diesen schwerwiegenden Sicherheits-GAU untersucht hatte, erzählte mir, dass die gesamte Crew der Residentur zum Essen aus war, die ehemalige ostdeutsche Quelle Horst Hesse alleingelassen und ihm die Verantwortung für das Haus übergeben hätte – ein Fall von unangebrachter Leichtfertigkeit vonseiten der Amerikaner.

Anscheinend davor schon hatte Horst Hesse mit anderen Stasi-Offizieren verabredet, den Safe aus Walkers Büro zu stehlen. Nachdem die Amerikaner zum Dinner abzogen, stellten die Deutschen einen Kleintransporter unter dem Fenster des Büros ab, in dem sich der Safe befand. Dann rammten sie den schweren Safe – er hatte Rollen – durch die Wand unter dem Fenster in den Transporter. Danach und weit bevor die Amerikaner den Raub bemerkten, fuhren sie bequem die kurze Strecke von Würzburg zum Grenzkontrollpunkt.

Aus Sicht der Stasi eine brillante Geheimdienstoperation; für uns ein höchst ärgerliches Ereignis.«[90]

Horst Hesse mit Großer Ordensspange, 1987

Anlagen

»Wie es damals typisch war«, 2002

Horst Hesse war das reale Vorbild für die Hauptrolle in einem der populärsten DEFA-Filme, »for eyes only« (1963, Regie: János Veiczi): In der westdeutschen Zentrale eines US-Geheimdienstes arbeitet ein Mann aus der »Zone«, der alle Überprüfungen bestanden hat, in Wirklichkeit aber für die DDR tätig ist. Er entführt in einer spektakulären Aktion eine ganze Wagenladung von Geheimpapieren. Bei dem Geheimdienst handelte es sich um das Military Intelligence Department (MID) in Würzburg, aus dem Horst Hesse, der Mitarbeiter der Abwehr des Ministeriums für Staatssicherheit der DDR war, am 20. Mai 1956 unter Mitnahme zahlreicher Dokumente verschwand. Zu seinem 80. Geburtstag am Sonntag gratuliert *junge Welt* Horst Hesse.

Sie waren der Mann, den Alfred Müller in dem DEFA-Film »for eyes only« darstellte. Dieser Film bezog sich auf tatsächliche Vorgänge im Jahr 1956: die Entführung faktisch aller internen Papiere aus einer US-Geheimdienstzentrale in Würzburg durch den Mitarbeiter der Abwehr des MfS Horst Hesse. Wie wurden Sie MID-Agent Horst Berger?

Das vollzog sich auf die Art und Weise, wie es damals typisch war. Ich lebte in Magdeburg und erhielt eines Tages aus Westberlin einen Brief von einem früheren Nachbarn namens Voigt. Er schrieb mir, dass es ihm gutgehe, dass er oft an mich denke und sich freuen würde, wenn er mich mal in Westberlin wiedersehen könnte.

Ich ging mit dem Brief zur Volkspolizei, die eine Verbindung zur Bezirksverwaltung des MfS herstellte. Dort wurde ich gefragt, ob ich bereit sei, dem MfS zu helfen. Ich zögerte nicht lange, denn ich hatte schon meine Erfahrungen mit Agenten gemacht, als ich Angehöriger der VP, Abteilung Grenze, war.

Nur ein Beispiel: Eines Tages kam dort ein Mann zu uns, der sich erkundigte, ob wir etwas über den Verbleib seines Bruders wüssten. Unsere Ermittlungen ergaben, dass sich dieser Bruder von einem ortsansässigen illegalen »Grenzführer« nach Westdeutschland bringen lassen wollte, dort aber nie angekommen war. Wir lösten eine Suchaktion aus und fanden den Vermissten ermordet – er war von dem »Grenzführer« erschlagen und beraubt worden.

Es kam an der Grenze immer wieder zu gewaltsamen Grenzdurchbrüchen, darunter waren auch Bewaffnete, die im Auftrag westlicher Geheimdienste unterwegs waren.

Warum sind Sie Volkspolizist geworden?

Der Hauptgrund waren meine Kriegserlebnisse. Stellen Sie sich vor: Ich war 1942 als knapp Zwanzigjähriger in den Krieg gegangen und kam im Oktober 1945 in meine Heimatstadt Magdeburg zurück. Ich hatte eine heile Stadt verlassen und kam in einen Trümmerhaufen zurück. Meine Gesundheit hatte ich eingebüßt, denn ich war zweimal schwer verwundet worden – zuerst beim Rückzug aus Afrika in der Nähe von Tunis, dann bei Hertogenbosch in Holland. Im April 1945 war der Krieg für mich bei Ludwigslust in Mecklenburg zu Ende, ich kam in britische Gefangenschaft und wurde wegen meiner Beinverletzung vorzeitig entlassen. Nach Hause kam ich erst nach einer Odyssee durch Westdeutschland über die »grüne Grenze«, wie es damals hieß, d.h. die Grenze zur Sowjetischen Besatzungszone.

Ich stammte aus einer Arbeiterfamilie, war gelernter Instrumentenfeinmechaniker und arbeitete als Schlosser im ehemaligen Krupp-Werk in Magdeburg. Dort erlebte ich in den ersten Nachkriegsjahren, wie die einen die Trümmer beiseite schafften und die anderen sich an der Not bereicherten. Ich war jung, hatte viel gesehen – vielleicht war es anfangs nur der Wunsch mitzuhelfen, Ordnung zu schaffen. Jedenfalls bewarb ich mich auf den Rat eines Bekannten hin bei der Kriminalpolizei, wurde zur Schutzpolizei angenommen, leistete ein Vierteljahr Revierdienst und wurde dann zur Abteilung Grenze versetzt. Nach vier Jahren schied ich als VP-Meister aus dem Dienst.

Das müssen Voigt und seine Leute doch gewusst haben.

Er wusste das auf jeden Fall und sicher auch, dass ich seit 1948 Mitglied der SED war. Aber das hinderte ihn nicht, mir den erwähnten Brief zu schreiben. Mag sein, dass er mich für einen besonders geeigneten Agenten hielt, wenn ich nur »anbiss«.

Wie ging die Anwerbung konkret vor sich?

Ich fuhr zu ihm nach Westberlin. Wir wollten dabei in erster Linie herausbekommen, für welchen westlichen Geheimdienst er arbeitete. Er wohnte damals mit seiner Partnerin, der Tochter eines ehemaligen Magdeburger Hoteliers, in Schöneberg in der Winterfeldtstraße. Sie öffnete die Tür, als ich das erste Mal an der Wohnungstür klingelte. Ich nannte meinen Namen und sie antwortete: »Kommen Sie rein, Rudi erwartet Sie schon lange!« Im nächsten Moment kam Voigt heran, damals Mitte vierzig, Kriegsversehrter durch eine Verwundung als Panzerfeldwebel an der Ostfront. Er umarmte mich und führte mich ins Zimmer.

Es gab keinerlei Misstrauen?

Jedenfalls ließ er sich das nicht anmerken. Außerdem hatte ich für meinen Besuch außer seiner Einladung noch einen plausiblen Grund: Ich fragte ihn, ob er mir helfen könne, Zahngold zu besorgen. Er war nämlich von Beruf Zahntechniker. Voigt untersuchte dann auch mein Gebiss und bestätigte, dass ich dringend eine Brücke brauchte. Dann schimpfte er über die »Zustände« in der DDR: »Nicht mal das bisschen Zahngold gibt es! So weit haben euch die Kommunisten gebracht« und Ähnliches.

Wir machten anschließend einen Schaufensterbummel durch Westberlin, dann eine ausgedehnte Kneipentour und waren rasch beim »Du«. Im Laufe dieser Nacht erklärte er mir, dass er seinen »Kampf gegen den Kommunismus« jetzt »von höherer Stelle« aus führe, dass er »viele Leute an der Hand« habe, die ihm »gute Berichte« lieferten. Er zeigte mir sogar einige der Agentenberichte. Beim flüchtigen Lesen konnte ich erfassen, dass sie alle aus der Magdeburger Gegend kamen und sich auf militärische Dinge, also die sowjetischen Truppen, konzentrierten. Ich selbst unterschrieb gegen Morgen meine Verpflichtung, Deckname »Luchs«.

Was wurde Ihnen geboten?

Geld. Bei guter Arbeit, so sagte Voigt, könne ich monatlich bis zu tausend Mark verdienen. Das war damals eine sehr große Summe.

Waren Sie ein fleißiger »Agent«?

Voigt erhielt von mir alle acht Tage viel Material über Objekte der Roten Armee in Magdeburg, über Truppenbewegungen, Übungen, Panzerverladungen usw. Das war natürlich alles durch die Genossen vom MfS präpariert, hinterließ aber offenbar einen guten Eindruck.

Ein Verdacht kam nie auf?

Die Möglichkeit bestand immer, aber offenbar verstanden die Genossen ihr Handwerk. Ich muss hinzufügen, dass ich inzwischen eine andere Arbeit aufgenommen hatte und als Instrukteur bei der Gesellschaft für Sport und Technik (GST) arbeitete. Das löste bei Voigt regelrecht Begeisterung aus. Ich bekam von ihm Geld zum Kauf eines Fotoapparates, der dann allerdings nicht von mir, sondern von »Profis« genutzt wurde. Die Würzburger Zentrale ließ mich ausdrücklich belobigen, ja sogar prämieren – die tausend Mark Extrageld behielt Voigt allerdings für sich. Er lud mich nur immer öfter zum Trinken ein, spendierte großzügig und ließ mich – so wie andere seiner eifrigsten Agenten – in seiner Wohnung übernachten, überließ mir sogar Haus- und Wohnungsschlüssel.

Darauf basierte unser Plan, ihn als Agentenführer auszuschalten. Eines Abends war Voigt mit einem anderen »Agenten«, der wie ich mit dem MfS zusammenarbeitete, unterwegs. Ich nutzte die Gelegenheit, um alle interessanten Unterlagen aus seiner Wohnung zu holen.

Als ich mich am nächsten Morgen wie verabredet bei ihm meldete, empfing er mich mit einem Dolch in der Hand, war völlig aufgelöst und erklärte mir, ich könne nicht nach Magdeburg zurück, alle seine Papiere seien weg. Ich wiederum beschimpfte ihn, mich um meine Existenz gebracht zu haben, und verlangte, dass er mir weiterhelfe. Sehr bald kam dann ein MID-Gruppenführer aus Würzburg nach Westberlin, dem ich das auch alles an den Kopf warf. Ich kampierte zwölf Tage in einer Pension, dann wurde ich von Tempelhof nach Frankfurt am Main ausgeflogen und nach Würzburg in die MID-Zentrale gebracht.

Sie standen offenbar die ganze Zeit mit dem MfS in Kontakt. Wie hat man sich das vorzustellen?

Ich übernahm eine Tätigkeit in der Zentrale, die es mit sich brachte, dass ich alle vier Wochen nach Westberlin fliegen musste. Das machte es möglich, alle Aufträge direkt entgegenzunehmen. Ich kam dazu jedes Mal nach Ostberlin.

Wurden Sie nicht überwacht?

Selbstverständlich. Man hat es mir einmal sogar gesagt. Aber es war immer möglich, der Beschattung zu entgehen.

In »for eyes only« werden »Sie« mit Hilfe eines Lügendetektors überprüft. Hat sich das tatsächlich so abgespielt?

Das entsprach der Realität. Ich war darauf vorbereitet, dass das kommt, und hatte die Marschroute, so nahe wie möglich bei der Wahrheit zu bleiben. Es hat geklappt, obwohl ich keinesfalls ein kaltblütiger Draufgänger war.

In der wahrscheinlich berühmtesten Szene des Filmes entführt Alfred Müller per Auto einen Kühlschrank, der mit Geheimpapieren vollgestopft ist, und es gelingt ihm, damit über die DDR-Grenze zu kommen. Entsprach auch das der Realität?

Es war noch untertrieben. Nach außen hin war das MID-Gebäude völlig zivil, es gab keine Bewachung durch Militärpolizei oder anderes. Wir sind zu dritt in einem geeigneten Moment mit einer großen Limousine vorgefahren – die Haushälterin und eine Sekretärin waren im Haus – und luden den »Kühlschrank« ein. Dabei handelte es sich in Wirklichkeit um zwei massive Mosler-Panzerschränke. Wir mussten mächtig buckeln und fuhren dann rasch die Nacht durch Richtung Norden, bevor Alarm ausgelöst wurde.

Der Grenzübertritt in die DDR wurde durch die beiden Panzerschränke im Kofferraum nicht gerade erleichtert. Es bedurfte einiger Spezialisten, um die zu öffnen. Wir brachten in den Panzerschränken eine Agentenkartei mit, außerdem einige tausend Blanko-Ausweise westdeutscher Institutionen, Angaben über »Schweigefunker«, die im Kriegsfall aktiviert werden sollten, und viele andere Dokumente.

Warum blieben Sie nicht längere Zeit in der MID-Zentrale?

Ich kam erst im Juni 1955 nach wochenlangen Überprüfungen in Würzburg und Ochsenfurt und nach monatelanger Arbeit als »Befrager« im Flüchtlingslager Bremen dorthin, hatte also schon viel Zeit verloren. Es glückte mir, rasch das Vertrauen von John C. Walker, dem Chef in Würzburg, zu erlangen. Ich wertete Fotokopien von Briefen und Telegrammen aus, die von der DDR in die Bundesrepublik geschickt wurden. Es ging darum, die Post daraufhin zu überprüfen, ob sich irgendwo die Anwerbung von Agenten anbot.

Walker selbst ernannte mich zum Leiter der Abteilung »Agentenwerbung«, nachdem ich ihm die Betrügereien verschiedener Gruppenchefs – unterschlagenen Agentensold, veruntreute Spesengelder – aufgedeckt hatte. Die Gruppenchefs wussten dies und versuchten mich natürlich reinzulegen. Jeder Tag konnte außerdem alles verändern: ein Umzug der Dienststelle, die Ablösung des Chefs oder anderes. Die Zeit drängte insofern.

Sie wurden in Abwesenheit von einem US-Militärgericht zum Tode verurteilt, Walker zu sieben Jahren Haft. Wurden Sie vor oder nach 1990 damit konfrontiert?

Nein. Vor 1990 überhaupt nicht, danach gab es einige Anfragen von Journalisten, mehr nicht.

Interview: Arnold Schölzel und Peter Rau
aus: junge Welt *vom 11. Mai 2002*

Donner & Blitz, 2004

Mehrere Jahre betreute Gert Breitenbach jenen Mann, an den sich heute keiner mehr erinnert. Hans Hubert Wax starb 1984. Pfingsten 1956 hatte er die komplette Agentenkartei des amerikanischen Militärspionagedienstes MID aus dessen Hauptquartier in Würzburg in die DDR gebracht. Über 140 US-Agenten flogen anschließend auf. Der Kundschafter Horst Hesse, dem allein die Tat zugeschrieben wurde, bekam den Vaterländischen Verdienstorden und Jahre später einen der erfolgreichsten DEFA-Filme (»for eyes only«) auf den Leib geschrieben. Hochgeehrt und hochbetagt starb Hesse in Schwedt an der Oder.

Wax hingegen kannten schon zu Lebzeiten nur wenige im MfS, heute ist er völlig vergessen. Obgleich einer der größten Coups auf seine Kappe ging.

»Hier, lies mal«, sagte General Beater und schob mir einen Stapel Papier über den Tisch. Protokolle, Zeitungsausschnitte, Berichte. Unsortiert.

»Nur hier. Notizen darfst du dir keine machen.« Mielkes Stellvertreter liebte knappe Ansagen.

Ich versenkte mich in die Papiere. Das war für mich nichts Ungewohntes. Ich war seit meinem siebzehnten Lebensjahr bei der Volkspolizei, Ende 1951 hatte ich die Uniform angezogen. Erst war ich in Leipzig, dann in Berlin. Ich war jetzt vierzig und OibE[91] des MfS.

Das Konvolut dreht sich um Hans Hubert Wax, einen gebürtigen Saarländer vom Jahrgang 1927.

Er hatte nach Krieg und amerikanischer Gefangenschaft in der Kantstraße im Westteil Berlins eine Auto-Werkstatt eröffnet. Doch seine offenkundig reichlich vorhandene Kreativität steckte er nicht nur in Rennwagen, sondern auch in krumme Geschäfte. Er handelte im großen Stil mit Kaffee und Nylonstrümpfen und anderer heißer Ware. Wegen Diebstahls und Schwarzmarktgeschäften wurde er zu drei Jahren verknackt. Bei einem Bruch in Westberlin hatte er einen Menschen getötet und war darum im Sommer 1961, kurz vorm Mauerbau, in die DDR geflüchtet. Mit einem Wort: ein Krimineller und Abenteurer.

Ins Fadenkreuz des MfS war er 1954 geraten, als er versuchte, einen gestohlenen Lkw im Ostteil Berlins zu verhökern. Die Spionageabwehr begann sich für den Umtriebigen zu interessieren. Der Chef der HA II, Oberst Josef Kiefel, der bei der Roten Armee und als Partisan in Polen gekämpft hatte, meinte, Banditen müsse man mit Banditen bekämpfen, und erteilte den Auftrag, Wax anzuwerben. Er wurde als Geheimer Mitarbeiter »Donner« verpflichtet. Dieser Deckname blieb nicht der einzige. Später kamen vier weitere dazu.

Es war die Hochzeit des Kalten Krieges. Die Dienste auf beiden Seiten gingen nicht zimperlich miteinander um. »Donner« bildete schon bald mit »Teddy« und »Blitz« ein mobiles Einsatzkommando, das gegen Bares im Operationsgebiet aktiv wurde. »Teddy« war ein junger Gemüsehändler aus Ost- und »Blitz« ein trinkfester Karosserieschlosser aus Westberlin. Und auch sie wussten, für wen sie arbeiteten und wer sie bezahlte.

Pfingsten 1956 machten sich »Donner« und »Teddy« auftragsgemäß mit einem Mercedes 190 SL nach Würzburg auf, um die MID-Akten zu holen. Der dort eingeschleuste Kundschafter Horst Hesse hatte sich um die Sekretärinnen gekümmert. Doch der Tresor konnte vor Ort nicht geknackt werden, die Berliner hatten das falsche Werkzeug dabei. Also musste der Panzerschrank ins Auto gehievt werden. Bei Butzbach brach »Donner« in eine Baubude ein und stahl das richtige Werkzeug, um den Schrank zu öffnen. Die Akten verschwanden in zwei Seesäcken und diese im Kofferraum des Wagens, der Schrank flog in den Wald. Den bayerischen Zöllnern an der Grenze erzählte »Donner« ungerührt, er habe Motorteile aus Italien geladen, reichte seine Zigarrenkiste herum, verschenkte Karten für den Nürburg-Ring und verabschiedete sich bis zur nächsten Woche, wenn er mit seinem Rennwagen wiederkäme.

Der hatte Nerven wie Drahtseile.

Die Verbindlichkeiten, die »Donner« mit seiner Werkstatt im Laufe der 50er Jahre in der Kantstraße anhäufte, waren ebenso beachtlich. Als er im Juli 1961 Hals über Kopf in den »demokratischen Sektor« flüchtete (und seine Frau Margot zurückließ), waren allein die Steuerschulden auf etwa eine Viertelmillion D-Mark angewachsen sowie Benzin- und Ölrechnungen über rund 150000 unbezahlt.

In Biesdorf baute er eine neue Firma auf. Er reparierte Westautos, präparierte Fahrzeuge für spezielle Einsätze des MfS, baute Boote aus Polyester – die sogenannten Wax-Boote – und Windabweiser für Lkw. Er war umtriebig, erfinderisch und erfolgreich – auch im illegalen grenzüberschreitenden Handel. Mit »Blitz« besorgte er einen gebrauchten Computer aus dem Westen, einen der ersten. Er wollte dafür von der DDR 3,5 Millionen Dollar, weil angeblich darin Daten des Mossad gespeichert sein sollten. Der Schwindel flog jedoch auf. »Donner« und »Blitz« kamen in den DDR-Knast. Zwei Jahre für Wax, wovon er die meiste Zeit in der Psychiatrie zubrachte.

»Der hat sie nicht alle«, sagte General Beater, als ich beim Entlassungsschein angekommen war. »Jetzt ist er wieder draußen. Und wir haben ein Problem. Der Mann ist ein Sicherheitsrisiko.«

Ich verstand.

Beater fiel wieder in seine übliche Rede. »Mein Junge, wir müssen alles vom Minister fernhalten. Du wirst ihn übernehmen und an der langen Leine führen.«

»Wurde er denn noch operativ eingesetzt?« In der Arbeitsakte hatte ich in den letzten Jahren kaum Vermerke gefunden.

Nein, wo denkst du hin, entgegnete Beater, das MfS sei schon in den 60er Jahren auf Distanz zu ihm gegangen. Er sei nun mal ein unberechenbarer Krimineller. »Wir haben ihm gesagt, er sei im Westen zur Fahndung ausgeschrieben, da könne er nicht mehr eingesetzt werden.« Doch nun hätten wir ein Problem, das alle Dienste dieser Welt haben, wenn unsichere Kantonisten zu viel wüssten. »Das heißt: Wir müssen ihn unter Kontrolle halten, ruhigstellen. Du wirst dich um ihn kümmern. Sein früherer Führungsoffizier wird ihn dir übergeben. Und du wirst eine neue Akte anfangen.«

»Was muss ich sonst noch wissen?«

Beater kratzte sich am Kopf. »1970 haben wir seinen Betrieb in Biesdorf volkseigen und ihn zum Technischen Leiter gemacht, doch das hat er durchschaut. Er hat nach drei Wochen gekündigt. Wollte sogar abhauen. Jetzt hat er in so einem brandenburgischen Dorf, Tornow heißt es, einen kleinen Betrieb aufzubauen begonnen. Da macht er Embleme aus Plaste und solchen Krempel. Nichts Großes. Kunststoff-Technik Tornow, KTT, nennt er das.«

Deshalb werde seine »Übergabe« auch in der Nähe, in einer konspirativen Wohnung in Königs Wusterhausen, erfolgen.

»Eine Frage noch, Genosse Minister: Was heißt ›lange Leine‹?«

Beater musterte mich, als überrasche ihn die Frage. »Na, das Übliche. Regelmäßige Treffs zur Seelenmassage, Stimmungen und Meinungen einholen. Er muss das Gefühl haben, wir würden uns um ihn kümmern ... Und das ganze Programm.« Er räusperte sich. »Telefon, akustische Raumüberwachung in Wohnung, Büro und Werkstatt, IM ... Na, du weißt schon. Mich interessieren nur Auffälligkeiten. Ich brauche keine regelmäßigen Wasserstandsmeldungen.«

Ich hatte verstanden und meldete mich ab.

In der KW in KW wurde ich vom scheidenden Führungsoffizier als jemand von der Humboldt-Universität vorgestellt. Das MfS werde sich nunmehr zurückziehen, die Verbindung laufe künftig über mich als Seelenklempner. Der Genosse deutete ein Lachen an, es wirkte nicht sehr überzeugend. Ich merkte ihm aber an, dass er froh war, diesen Fall abgeben zu können.

Wax baute sich vor mir auf. Obgleich er merklich auf die fünfzig zuging, hatte er noch immer die Figur eines Rummelboxers: hoch gewachsen und dennoch gedrungen und kompakt, breit wie ein Schrank, mit Stiernacken. Er blinzelte mich aus zusammengekniffenen Augen an und zog an seiner Zigarette. Er rauchte, wie ich bald merkte, Kette und soff dazu unablässig Kaffee. Drei Schachteln täglich Minimum und immer nur Marlboro. Und Kaffee ein paar Kannen. Das alles hatte merklich Spuren nicht nur im Gesicht hinterlassen.

Er musterte mich wie mit Röntgenstrahlen und sagte nur trocken: »Sie sind das nicht.«

»Was bin ich nicht?«

»Von der Humboldt-Uni. Sie sind auch einer von den Stasi-Wichsern.«

Sein Führungsoffizier verzog keinen Muskel im Gesicht. Der Ton schien ihm vertraut.

Ehe ich reagieren konnte, polterte Wax weiter. »Ihr Arschlöcher haltet mich wohl für blöd? Ich habe für euch die Kastanien aus dem Feuer geholt, ich habe mir den Arsch für euch aufgerissen, doch was ist der Dank? Dass ihr mir ständig auf den

Senkel geht und mich nicht machen lasst.« So ging es eine ganze Weile mit Anwürfen und Anklagen, und plötzlich, von einem Moment auf den anderen, übermannte ihn das Selbstmitleid, und Tränen – tatsächlich: richtige Tränen – flossen ihm die gelblichen Wangen hinab.

Nunmehr richtete sich sein ganzer Unmut gegen Hesse, »diesen Hosenscheißer«. Er, Wax, habe doch das Ding in Würzburg gedreht, er ganz allein. Der aber habe den Vaterländischen Verdienstorden in Gold dafür bekommen – und er lediglich lumpige 2000 Mark. Im Film sei er nicht einmal vorgekommen. Hesse war der alleinige Held, er hingegen existierte nicht.

Der Führungsoffizier räusperte sich. »Äh, Herr Wax, Sie haben doch die Verdienstmedaille der NVA erhalten …«

Der Hüne brach in homerisches Gelächter aus. »Blech, nichts als Blech.«

Da hatte er allerdings recht. Etwas Besonderes war das nicht.

»Aber sonst wurden Sie doch immer ordentlich honoriert …«, warf ich ein.

Er schluchzte und verbarg die Hände im Gesicht.

War das jetzt Schmierentheater oder echt?

Ich schaute hinüber zu meinem Genossen. Der drehte sich den gestreckten Zeigefinger in die Schläfe und signalisierte damit: Gaga, der Junge hat echt einen Sprung in der Schüssel.

Offenbar war er wirklich nicht ganz gesund. Auch ohne Psychologielehrgang sah ich, dass Wax schizophren sein musste. Da war der Großkotz und Macher auf der einen Seite, und jetzt erlebte ich den zurückgesetzten, mit Minderwertigkeitskomplexen beladenen, nicht ausreichend gewürdigten Superspion. Verletzte Eitelkeit. Das war's.

»Ich verstehe«, sagte ich, obwohl ich nichts verstand. »Wollen wir also schauen, wie wir gemeinsam das Problem künftig in den Griff bekommen.«

Es bleibe bei der Verabredung, dass er monatlich ein Salär bekäme. Ich sagte nicht, dass wir es als eine Art Schweigegeld betrachteten, machte aber deutlich, dass dafür auch Loyalität erwartet werde.

So trafen wir uns denn regelmäßig monatlich einmal. Meist kamen wir in einer konspirativen Wohnung in der Friedrichsgracht zusammen, oft brachte ihn sein Sohn dorthin. Ich nahm seine Verbesserungsvorschläge entgegen und wertete die Abhörprotokolle aus. Er überraschte mich bei den Treffs fortgesetzt mit Erfindungen. Er war ein begnadeter Tüftler. Er entwickelte Autokarossen und Satellitenschüsseln, schusssichere Motorboote und andere technische Neuerungen. Ich gab es immer an unsere Fachleute weiter und bekam jedes Mal Auskunft: nicht verwertbar, kein Interesse, technisch nicht machbar. (Obgleich seine Autokarossen auf Ausstellungen gezeigt wurden und Minister wie Wolfgang Rauchfuß sich Boote von ihm bauen ließen und auch mit viel Geld gegen Quittung bezahlten.) Das wäre für jeden frustrierend gewesen. Doch Wax machte in seiner kleinen Klitsche, in der er sechs bis acht Leute beschäftigte, unverdrossen weiter.

Unsere Begegnungen verliefen immer nach dem gleichen Muster: Anpöbelei, Vorwürfe, Selbstmitleid, Trost. Einmal unterlief ihm eine Panne. Wax ging bereits am Stock und war von Krankheit gezeichnet. »Blitz«, gerade 47 geworden, war 1979 verstorben: Das exzessive Leben hatte spürbare Folgen bei allen hinterlassen.

Nachdem wir uns verabschiedet hatten, ging ich ihm nach. Einige Seitenstraßen weiter sah ich Wax in einen Pkw steigen, es war nicht der seines Sohnes. Ich notierte mir die Nummer und ließ feststellen, wem der Wagen gehörte.

»Das ist ein Auto der Freunde«, sagte man mir feixend nach der Recherche.

»Sicher?«

Der Genosse nickte. »Absolut sicher. Gemeldet vom Krankenhaus in Karlshorst.«

Na, sieh mal einer an. Über diese Verbindung hatten uns weder die »Freunde« noch er selbst etwas berichtet. Und uns war sie bis dato auch entgangen. Ich war wütend: auf mich. Wie konnte uns das nur passieren, wo wir ihn doch faktisch rund um die Uhr observierten? Wir hatten sogar in Erfahrung gebracht, dass er zum Treff mit mir mit einer Waffe kam. Die Genossen rieten zu einer Variante, bei der man ihm das Ding hätte abnehmen können. Schließlich sei er unberechenbar, hieß es. »Willst du riskieren, in einem cholerischen Ausbruch von ihm über den Haufen geschossen zu werden?«

Doch vom heimlichen Draht zu den Sowjets hatten wir nichts bemerkt.

Wir verfolgten diese Spur weiter. Es war genau so, wie ich es ahnte: Wax bot ihnen die Dinge zum Kauf an, die wir abgelehnt hatten. Er wollte dafür viel Geld – was die Sowjets auch nicht hatten. Er gab damit an, eine Technik entwickelt zu haben, mit der man Fahrzeuge präparieren könne, um Verräter zu liquidieren, und dergleichen mehr.

Im April 1982 starb Bruno Beater. Die Verbindung zu Wax erledigte sich von selbst. Er litt an Lungenkrebs und verschied 1984. Er wurde auf einem Friedhof in Berlin-Adlershof beigesetzt.

Ohne besondere Aufmerksamkeit.

aus: Der Botschaftsflüchtling und andere Agentengeschichten. Mit einem Geleitwort von Markus Wolf und Werner Großmann. edition ost, Berlin 2004

Kundschafter Horst Hesse ist tot, 2006

Wie erst jetzt bekannt wurde, verstarb am 16. Dezember im Alter von 84 Jahren in Schwedt an der Oder der ehemalige DDR-Kundschafter Horst Hesse. Er landete den vermutlich größten Coup des Ministeriums für Staatssicherheit (MfS), für dessen Abwehr er arbeitete: 1955 gelang es ihm, nach langwierigen Überprüfungen in der Würzburger Zentrale des US-Militärspionagedienstes MID (Military Intelligence Division) Leiter der »Agentenwerbung« zu werden. Pfingsten 1956 stahl er zwei Panzerschränke aus dem Hauptquartier und brachte sie in die DDR inklusive einer kompletten Agentenkartei, einigen tausend Blankoausweisen westdeutscher Institutionen, Angaben über »Schweigefunker«, die im Kriegsfall aktiviert werden sollten, und zahlreiche andere Dokumente. In der Folge flogen mehr als hundert von der MID geführte Mitarbeiter auf; Hesse wurde von einem US-Militärgericht in Abwesenheit zum Tode verurteilt.

Seine abenteuerliche Aktion in der Hochzeit des Kalten Krieges lieferte die Vorlage für einen der erfolgreichsten DEFA-Filme. »for eyes only« fand 1963 über zwei Millionen Zuschauer in der DDR und begründete den Ruf des Hauptdarstellers Alfred Müller als »James Bond des Ostens«.

Hesse lebte nach seiner spektakulären Flucht zurückgezogen. Das war nicht nur Sicherheitsgründen geschuldet. Er war ein sehr bescheidener und wenig auffälliger Mann, der allenfalls bei MfS-internen

Vorträgen über seinen Einsatz im »Operationsgebiet« berichtete. Nach 1990 wurde gegen ihn ermittelt, doch ohne Konsequenzen.

Im 2006 erschienenen Buch »Der Botschaftsflüchtling und andere Agentengeschichten« (edition ost), der letzten von Markus Wolf betreuten Publikation, wird über diesen Fall und seine Folgen berichtet.

Horst Hesse, der in dritter Ehe verheiratet war, wird am heutigen Freitag beigesetzt.

Horst Hesse stammte aus einer Arbeiterfamilie, war gelernter Instrumentenfeinmechaniker und arbeitete in den Magdeburger Kruppwerken. Ende der 40er Jahre ging er zur Volkspolizei. Über seine Motivation sagte er in einem jW-Interview 2002: »Der Hauptgrund waren meine Kriegserlebnisse. Stellen Sie sich vor: Ich war 1942 als knapp Zwanzigjähriger in den Krieg gegangen und kam im Oktober 1945 in meine Heimatstadt Magdeburg zurück. Ich hatte eine heile Stadt verlassen und kam in einen Trümmerhaufen zurück. Meine Gesundheit hatte ich eingebüßt, denn ich war zweimal schwer verwundet worden.« In den Nachkriegsjahren habe er erlebt, »wie die einen die Trümmer beiseite schafften und die anderen sich an der Not bereicherten.«

aus: junge Welt, *29. Dezember 2006*

James Bond der DDR, 2013

Aus aktuellem Anlass wird heute im Kino Babylon in Berlin-Mitte der DEFA-Spionageklassiker »for eyes only« gezeigt, der bald nach seiner Premiere im Juli vor fünfzig Jahren ein Millionenpublikum fand.

Das Drehbuch von Harry Thürk, der gern als »Konsalik des Ostens« bezeichnet wird, basiert auf Vorgängen aus dem Jahr 1956 um den Doppelagenten Horst Hesse (1922–2006), der dem US-Geheimdienst Military Intelligence Department (MID) zahlreiche Dokumente entwenden konnte. »Die Handlung des Films ist frei erfunden«, heißt es im Vorspann, »Ähnlichkeiten mit tatsächlichen Begebenheiten und lebenden Personen sind beabsichtigt«. Thürk und Regisseur János Veiczi verlegten die Handlung in den Juli 1961. Ihr Held, gespielt von Alfred Müller, wird vom Ministerium für Staatssicherheit beim MID eingeschleust. US-Sicherheitschef Colonel Rock ist von der Existenz eines Maulwurfs überzeugt. Es geht auch darum, wie MID und BND bzw. der Vorgänger, die Organisation Gehlen, einander bespitzeln. Die Vorführung im Babylon beginnt heute um 20 Uhr nach einführenden Worten des Journalisten Victor Grossman, der in »for eyes only« eine Nebenrolle spielt.

aus: junge Welt, *17. Juli 2013*

Anmerkungen

1 Karl Marx, Betrachtungen eines Jünglings bei der Wahl seines Berufes, Marx Engels Werke, Band 40, Berlin 1968, S. 594
2 *junge Welt* vom 29. Dezember 2006, s. Anlagen; *Neues Deutschland* vom 30. Dezember 2006
3 siehe Alexander von Brünneck, Politische Justiz gegen Kommunisten in der Bundesrepublik, Frankfurt/Main 1978
4 Adolf Hitler, Mein Kampf, 855. Auflage, München 1943, S. 711
5 siehe Dietrich Eichholtz, Krieg um Öl, Leipzig 2006
6 Bernd Stöver, Zuflucht DDR, München 2009, S. 247
7 Bertolt Brecht, Arbeitsjournal, Berlin 1973, S. 852
8 Stöver, a. a. O, S. 254
9 Stöver, a. a. O, S. 247
10 Ein gerechtes Urteil über die DDR steht unverändert aus. Bislang ist der Streit über ihren historischen Platz zumeist ideologisch beherrscht
11 Bundeskanzler Konrad Adenauer sprach vorzugsweise von der »Befreiung der Ostzone«, womit die Art des Umgangs intendiert ist
12 W.I. Lenin, Die große Initiative, Werke Bd. 29, Berlin 1976, S. 416

13 siehe NATO online library, zitiert am 3. Dezember 2015

14 Karl Wilhelm Fricke: Der DDR-Schauprozess gegen den RIAS, in: Politische Meinung, Nr. 427/2005, S. 63

15 So am 9. Januar 2006 im Deutschlandradio Kultur. In dem Gespräch nannte er sich einen »kalten Krieger«, den erst der Bau der Mauer 1961 zum Entspannungspolitiker hatte werden lassen

16 Das Counter Intelligence Corps (CIC, deutsch: Spionageabwehr) war ein Nachrichtendienst des Heeres der USA, der während des Zweiten Weltkrieges als polizeiähnliche Spionage-Abwehrabteilung gegründet wurde. Das CIC ist in personeller und organisatorischer Hinsicht Vorgänger der Defense Intelligence Agency

17 In der Kontrollrats-Direktive Nr. 38, mit der gegen Alt- und Neo-Nazis vorgegangen wurde, hieß es zum Beispiel: »Aktivist ist auch, wer nach dem 8. Mai 1945 durch Propaganda für den Nationalsozialismus oder Militarismus oder durch Erfindung und Verbreitung tendenziöser Gerüchte den Frieden des deutschen Volkes oder den Frieden der Welt gefährdet hat oder möglicherweise noch gefährdet.«

18 *Spiegel online* vom 10. Juni 2013

19 *Neues Deutschland* vom 24. April 1956, S. 2

20 *Neues Deutschland*, a. a. O.

21 William Shakespeare, Hamlet, 2. Aufzug, 2. Szene

22 Thomas C. Reeves, The Life and Times of Joe McCarthy. A Biography. Stein & Day, New York 1982, S. 129

22 Erich Schmidt-Eenboom, Ullrich Stoll: Die Partisanen der NATO, Berlin 2015, S. 19

23 »in politischen Organisationen, die die Überwindung unserer konstitutionellen Regierungsform anstreben.«

24 *Neues Deutschland* vom 27. April 1955, S. 3

25 zitiert nach: Elke Mittmann, Der Fall Horst Hesse, in: Duell im Dunkel, Köln/Weimar/Wien 2002, S. 77

26 heute Bürgermeister-Spitta-Allee

27 Persönlicher Bericht von Horst Hesse, ohne Jahresangabe, S. 1 ff., im Besitz der Familie

28 »Alle Dokumente, die der Ausweisinhaber mit sich führt, sind Eigentum der Regierung der Vereinigten Staaten und sind nicht Gegenstand von Untersuchungen oder Beschlagnahme ohne vorherige Freigabe durch diese Organisation.«

29 Persönlicher Bericht von Horst Hesse, ohne Jahresangabe, S. 3, im Besitz der Familie

30 GuLag bedeutet »Hauptverwaltung Lager«

31 SSD = Staatssicherheitsdienst, die damals im Westen gebräuchliche Bezeichnung für das Minsterium für Staatssicherheit

32 siehe Gert Breitenbach, Donner & Blitz, in: Der Botschaftsflüchtling, Berlin 2006, S. 116ff.

33 Jugendmagazin *Neues Leben,* 5/1979, S. 52. Ein wenig an den Haaren herbeigezogen wirkt der dramaturgische Rahmen, wenn man bedenkt, dass es in der BRD bis 1957 gar kein Tempolimit gab, nicht mal innerorts

34 *Der Spiegel* 10/1996, S. 53

35 ebenda, S. 52

36 *Neues Deutschland* vom 8. März 1975, S 11

37 Die Behörde des Bundesbeauftragten für die Stasi-Unterlagen

38 Persönlicher Bericht von Horst Hesse, ohne Jahresangabe, S. 5 f., im Besitz der Familie

39 In Publikationen, so bei https://de.wikipedia.org/wiki/Horst_Hesse, heißt es: »Als Folge dieser Aktion wurden 521 von der MID geführte Mitarbeiter enttarnt, was zur Verhaftung von 140 Personen in der DDR führte«. Für die Zahl der Enttarnungen gibt es keine Belege, nachweislich verhaftet wurden 137 Personen

40 Harry Mittenzwei, Meine amerikanische Zeit, in: Unbequeme Zeitzeugen, Berlin 2014, S. 309 f.

41 Gunther Scholz: »For Eyes Only – Ein Film und seine Geschichte«, BRD, 2008

42 Persönlicher Bericht von Horst Hesse, ohne Jahr, S. 6

43 Julij Kwizinski, Vor dem Sturm, Berlin 1993

44 Bericht über die Außen- und Innenpolitik des Rats der Volkskommissare in: Lenin Werke Bd. 29, Berlin 1984, S. 6,

45 Bis 1963 hieß die DDR-Fluggesellschaft »Lufthansa«. Ihr erster Hauptdirektor war der Sohn des DDR-Präsidenten Wilhelm Pieck, Arthur Pieck. 1963 wurde die »Interflug« gegründet

46 Beurteilung vom 3. Mai 1963, im Besitz der Familie

47 VVB = Vereinigung Volkseigener Betriebe

48 Beurteilung vom 3. Mai 1963

49 In vielen Texten steht für das »D« in »MID« »Department«. Tatsächlich steht es als Abkürzung für »Division«

50 *Neues Deutschland* vom 11. Juli 1956, S. 2

51 *Neues Deutschland* vom 30. Mai 1956, S. 1

52 *Neues Deutschland* vom 11. Juli 1956, S. 2

53 *Süddeutsche Zeitung* vom 11. Juli 1956, S. 2

54 Michael E. Bigelow, A Short History of Army Intelligence, Fort Belvoir 2012

55 DSF = Gesellschaft für Deutsch-Sowjetische Freundschaft

56 *Neues Deutschland* vom 21. November 1956, S. 2

57 Albert Norden (1904–1982) war zu dieser Zeit Sekretär des »Ausschuss für Deutsche Einheit«. Ab 1958 war er Mitglied des Politbüros des ZK der SED und verantwortlich für Agitation

58 Fritz Beyling (1909–1963) war von 1953 bis 1958 Leiter des Presseamtes beim Vorsitzenden des Ministerrates der DDR

59 siehe z.B. *Neues Leben,* Heft 5/79, S. 54, *Neues Deutschland* vom 8. März 1975, S. 11

60 SMAD = Sowjetische Militäradministration in Deutschland

61 zitiert aus Dagmar Schittly, Zwischen Regie und Regime, Berlin 2002, S. 27

62 *Neues Deutschland* vom 17. Juli 1963, S. 4

63 *Der Spiegel,* 29/1995, S. 154

64 *Berliner Zeitung* vom 8. März 1997

65 *Neues Deutschland* vom 20. Juli 1963, S. 4

66 Harry Thürk (1927–2005), János Veiczi (1924–1987)
67 *Neues Deutschland* vom 17. Juli 1963, S. 4
68 *Neues Deutschland*, a.a.O.
69 *Der Spiegel*, 32/1960, S 21
70 *Neues Deutschland* vom 20. Juli 1960, S. 3
71 *Neues Deutschland* vom 21. Juli 1963, S. 4
72 Das große Lexikon der DEFA-Spielfilme, Berlin 2000, S. 177 f.8
73 Der Bericht wurde dem Heft 03/2002 der russischen Zeitschrift *Mir Aviazia (MiA)* entnommen
74 *Neues Deutschland* vom 24. Dezember 2015, S. 6
75 Curtis E. LeMay (1906–1990)
76 *Neues Deutschland* vom 24. Dezember 2015, S. 6
77 Robert S. McNamara (1916–2009)
78 DEFA-Retrospektive »for eyes only«, Nr. 33/74
79 *Berliner Zeitung* vom 21. Juli 1963
80 Heute gibt es in Berlin keine Stadtbezirke mehr, heute heißen sie nur noch »Bezirk«. Ein Berliner, der »Stadtbezirk« sagt, outet sich als Ossi
81 Siegfried Lokatis, Heimliche Leser in der DDR, Berlin 2008, S. 143
82 In Sachen Benkowitz und andere, Berlin o.J., S. 27
83 zitiert nach: Fragen an das MfS, Berlin 2010, S. 125
84 ebenda, S. 169
85 Gesetzlose Praxis, in: *Der Spiegel* 53/2009, S. 14 f.
86 siehe www.runde-ecke-leipzig.de
87 Wilhelm Busch, Zwiefach sind die Phantasien, Leipzig 1972, S. 215
88 Gerhardt B. Thamm, The Making of a Spy, McFarland 2010
89 US Army, Europe & Seventh Army; Abkürzung
90 Thamm, a.a.O., S. 202 f.
91 Abkürzung für: Offizier im besonderen Einsatz

Bildnachweis:
Soweit nicht anders angegeben, stammen die Bilder aus dem Privatarchiv der Familie Hesse und von Peter Böhm.
S. 107, 201 © DEFA-Stiftung/Karl Plintzner
S. 178, 188 © DEFA-Stiftung

FSC
www.fsc.org
MIX
Papier aus verantwortungsvollen Quellen
FSC® C014496

ISBN 978-3-360-01876-2

Umschlaggestaltung: Buchgut, Berlin,
unter Verwendung eines Motivs von ullstein bild – Westend61 / Knut Schulz
Druck und Bindung: GGP Media GmbH, Pößneck

Die Bücher der edition ost und des Verlags Das Neue Berlin erscheinen in der Eulenspiegel Verlagsgruppe.

www.eulenspiegel.com